| **12** | **Unterwegs im ›Quartier Latin‹ Mailands – das Navigli-Viertel** | 61 |

Ein Hauch von Romantik zieht sich durch das Szeneviertel, und statt der mit Marmor beladenen Schiffe landen hier heute die Nachtschwärmer.

| **13** | **Erholung und Kultur – rund um die Giardini Pubblici** | 64 |

In den Museen des Parks und seiner Umgebung erwartet Mailand-Besucher ein vielfältiger Kunstgenuss.

| **14** | **Tor zu einer bunten Welt – die Porta Venezia** | 67 |

Am einstigen Oststadttor beginnt heute Mailands längste Einkaufsstraße, hier locken indische und afrikanische Lokale.

| **15** | **Von Grab zu Grab – Kunst auf dem Cimitero Monumentale** | 69 |

Grabskulpturen großer italienischer Bildhauer sind hier zu bewundern.

Noch mehr Mailand 72
Gebäude, Ensembles 72   Kirchen 74   Museen 76   Parks und Gärten 79

Ausflüge 81
Bergamo 81   Monza 82   Pavia

Zu Gast in Mailand

Übernachten 86
Günstig und nett 87   Stilvoll wohnen 88
Essen und Trinken 90
Cafés und Eisdielen 91   Gourmet-Lokale 92   Gut und günstig 93
Pizzerien 95   Szene und Ambiente 96   Typisch mailändisch 97
Vegetarisch 97
Einkaufen 98
Antiquitäten 99   Bücher und CDs 99   Delikatessen
und Lebensmittel 99   Geschenke und Souvenirs 101   Märkte 101
Möbel und Design 101   Mode und Accessoires 102   Outlet 103
Schmuck 103
Ausgehen – abends und nachts 104
Bars und Kneipen 105   Diskotheken 107   Kino 108
Konzerte und Oper 109   Livemusik 109   Kirchenkonzerte 110
Schwul und lesbisch 110   Theater 111

Sprachführer 112
Kulinarisches Lexikon 114
Register 116
Autor, Abbildungsnachweis, Impressum 120

Benvenuto – Willkommen
Mein heimliches Wahrzeichen

»Adieu, alte liebe Tram« titelte eine Zeitung, als bekannt wurde, dass die Straßenbahn durch wendigere Elektrobusse ersetzt werden soll. Seit über einem Jahrhundert gehört sie ins Stadtbild, ist eine Art lebendiges Verkehrs- und Geschichtsmuseum: Von dem lieben, alten Peter-Witt-Straßenbahnmodell von 1928 bis zu den modernen, langen, grünen, gläsernen Schlangen, die über 250 Personen fassen und auf über 160 Kilometer Schienen die Stadt durchkreuzen. Generationen von Mailändern haben bei dem vertrauten Geratter hockend auf den alten blank gesessenen Holzbänken oder stehend, sich an den ledernen Handgriffen festhaltend, Hausaufgaben gemacht, Akten durchgelesen, geplaudert. Doch so ganz soll die alte Tram zum Glück nicht verschwinden: Im Zentrum und vorbei an den Bastioni rattert sie weiter.

Erste Orientierung

Ankommen
Wer in Malpensa landet und mit dem Malpensa Express nach Mailand kommt, steigt drei Metrostationen vom Dom entfernt in Cadorna aus. Vom Flughafen Bergamo fahren Shuttlebusse zum Hauptbahnhof, von Linate der Stadtbus 73. Mailand ist gut mit öffentlichen Verkehrsmitteln angebunden. Es gibt drei Metro-, zahlreiche Bus- und Straßenbahnlinien. Verkehrspläne hängen in den U-Bahnhöfen und an manchen Bushaltestellen. Es empfiehlt sich, auf das Auto zu verzichten. Verkehrsstaus, Parkplatzmangel und Einbahnstraßen können viele Stunden und Nerven samt Strafmandaten kosten.

Orientierungspunkte
Sich zu orientieren, kann hier für manche schwierig sein, da Mailand keine natürlichen Anhaltspunkte wie Berg oder Fluss bietet. Sicher hilft es, einmal die Stadt aus der Höhe zu betrachten: vom Domdach oder von der Torre Branca. Auf jeden Fall sollte man auch einen Blick auf den Stadtplan werfen. Dort sehen Sie die Kreise, die sich um die Kathedrale ziehen, und die Verbindungsstraßen, die sich wie ein Spinnennetz entwickeln. Sie sollten sich das Castello Sforzesco, die Torre Velasca, den Grattacielo Pirelli, die Navigli (Kanäle) und die großen Stadttore aus dem 19. Jh. auf dem zweiten Stadtring merken. Bald werden mit den schon im Bau befindlichen Hochhäusern neue Orientierungspunkte hinzukommen.

Herrin der Ringe
Kaum eine andere Stadt und ihre Bewohner haben allerdings ein so eindeutiges Zentrum wie Mailand. Sein Herz und sein Mittelpunkt ist der **Dom** (▶ F 5). Von ihm aus sind fast alle wichtigen Sehenswürdigkeiten nah und so eignet er sich bestens als Ausgangspunkt für Streifzüge durch die Stadt.

Mailand hat seine konzentrische Struktur bewahrt. Im Lauf der Jahrhunderte wurden die Stadtmauern immer wieder erweitert, sodass jeder Ring einer historischen Phase entspricht. Die letzten, die Autobahnringe, gehören zur industriellen Phase. Der heutige Innere Ring, den die Mailänder **Cerchia dei Navigli** nennen, erhielt seinen Namen von dem Kanal, der noch bis in die 1930er-Jahre genau dort floss, wo zuvor die mittelalterlichen Stadtmauern waren. Noch stehen einige der alten Stadttore. Dieser Ring trennt das alte Zentrum von der ehemaligen Peripherie.

Den zweiten Stadtring bilden die **Bastioni,** auch Cerchia delle Mura spagnole genannt. Auch diesen Namen werden Sie nirgends finden, aber bei den Mailändern heißt er nach den Mauern, die im 16. Jh. unter der Spanischen Herrschaft errichtet wurden. Teile dieser Mauer sieht man noch. Die Straßenbahn 9 umrundet diesen Ring. Die meisten Sehenswürdigkeiten konzentrieren sich vor allem innerhalb des ersten, aber auch des zweiten Rings.

Den dritten Ring bilden die **Viali,** breite Alleen, die Ende des 19. Jh. angelegt und größtenteils nach den italienischen Regionen benannt wurden.

Mailands Viertel
Mailand ist in neun Bezirke unterteilt. Das Herzstück ist das **Centro,** das his-

Erste Orientierung

Durchblick: Das Herz Mailands ist der ›Duomo‹, eine der größten Kirchen der Welt

torische Zentrum rings um den Dom. Benachbart findet man die Scala. Sternförmig um den Dom liegen das Künstlerviertel **Brera** (▶ F 3/4) mit seiner Pinakothek und den vielen Lokalen, das **Goldene Karree** (▶ G 4) mit allen Modelabels in gedrängter Form, die Università Statale mit ihren schönen Innenhöfen, das **Centro degli affari** (Geschäftsviertel) zwischen der Scala und der Piazza Cordusio mit den protzigen Tempeln der Banken und der Börse, die Basiliken San Lorenzo im lebhaften **Ticinese-Viertel** und **Sant'Ambrogio** im vornehmen Stadtteil gleichen Namens. Hier leben alteingesessene Familien in Häusern mit schönen Innenhöfen und Parks, die man hinter den schlichten Fassaden kaum vermuten würde. Und dann das **Castello Sforzesco** (▶ E 4), die mächtige Sforza-Burg, mit ihren diversen Museen.

Vom Centro aus entwickeln sich die Stadtteile immer weiter nach außen. Man kann sich das wie eine Torte vorstellen: ein Kreis in der Mitte, das kostbarste Stück, und von hier die nach außen immer breiter werdenden Tortenstücke bis in die Peripherie, die immer weiter ins flache Land hinausdrängt.

Nachts zieht das Leben in die Außenringe

Das Nachtleben spielt sich vor allem außerhalb des Inneren Rings ab; die einzige Ausnahme bildet das Brera-Viertel. Es gibt zwar Hotels, Restaurants, Theater und Kinos im Zentrum, doch wenn die Geschäfte und Büros schließen, stirbt dieser Stadtteil weitestgehend aus. Die beliebtesten Lokale und Discos sind rings um den zweiten Ring angesiedelt. Und wieder im Uhrzeigersinn: vorneweg das **Navigli-Viertel** (▶ C–E 7/8), die Lokale am Arco della Pace und am Corso Sempione, Discos rings um den Corso Como und Kneipen und Musik im **Quartiere Isola**.

Schlaglichter und Impressionen

Leben in Gegenwart und Zukunft

Mailand liebt man nicht auf den ersten Blick. Auch Besucher, die immer wieder zurückkehren, weil sie hier Unvergleichbares finden, schätzen die Stadt beim ersten Besuch als nüchtern, laut und kühl ein. Und die Natur hilft auch nicht dabei, die Stadt auf Anhieb zu mögen, wie etwa in Rom, Turin oder Florenz – kein Fluss, kein Hügel. Und auch kein Meer, wie in Neapel und Venedig. Mailand hockt mitten in der Ebene, hat kein besonders angenehmes Klima und ist seit jeher darauf angewiesen, selbst Schönes hervorzubringen. Und das tat und tut die seit der Einigung Italiens 1861 mächtig gewachsene Stadt. Sie hat sich mittlerweile so drastisch verändert wie keine andere: Die Geschlechtertürme, Wahrzeichen so vieler italienischer Städte, sind ebenso verschwunden wie die vielen Kanäle, die jahrhundertelang das Stadtbild geprägt haben. Mailand verschweigt dem flüchtigen Gast, dass es eine antike Stadt ist, denn es schaut immer nach vorne, hat es immer eilig. Aus seiner 2000-jährigen Vergangenheit blieben nur Bruchstücke.

Wahrzeichen

Wahrzeichen der Stadt ist der Dom mit seiner goldenen Madonnina, die schützend über die Stadt wacht. Doch auch das Pirelli-Hochhaus und die berühmte Scala gehören zu den Wahrzeichen. Zusammen bilden sie eine Mailänder Trilogie aus Glauben, wirtschaftlicher Macht und kulturellem Glanz. Und das alles erwartet Sie hier! Denn Mailand ist zwar eine große, moderne Metropole, eine bedeutende Geschäfts- und Businessstadt, die ihren Besuchern höchsten Komfort bietet und dementsprechend teuer ist. Aber mit seinen sehenswerten Museen und Kirchen, seiner interessanten Architektur und seinem großen Angebot für Amüsierfreudige lockt es auch ganz andere Gäste.

Die beiden bekanntesten Highlights muss man allerdings lange im Voraus buchen: einen Besuch in der Scala und die Betrachtung des »Letzten Abendmahls« von Leonardo da Vinci.

Messe- und Geschäftsstadt Mailand

Es ist kein Zufall, dass die wichtigsten Events in Mailand, außer der Eröffnung der Scala, mit der Messe zu tun haben, denn Mailand ist eine Geschäftsstadt. Die meisten Besucher kommen zu den Modemessen und zur Möbelmesse. Der Salone del Mobile ist das weltweit wichtigste Design-Event. Dann steht die ganze Stadt fünf Tage lang Kopf. Es gibt mannigfache verlockende Aktivitäten rund um das Event. Das begann vor etwa 15 Jahren mit der Parallelveranstaltung Fuori Salone in der Tortona-Gegend. Inzwischen wurde es in der ganzen Stadt zum Kult. Ehemalige Fabrik- und Lagerhallen, Hinterhöfe und jede nur irgendwie erdenkliche Location verwandeln sich in diesen Tagen in Showrooms, Designershops und Galerien. Junge Designer kommen in Scharen aus der ganzen Welt, Empfänge, Partys und Shows jagen sich in der kaum wiederzuerkennenden Stadt. Auch die Mode, die bisher nur einem exklusiven Publikum zugänglich war, will sich bald überall in der Stadt präsentieren, will ein Event für alle werden.

Schlaglichter und Impressionen

Universitätsstadt Mailand
Mit sieben Hochschulen gilt Mailand als wichtige Universitätsstadt. Seine Designschulen machen es zur Hauptstadt italienischer Kreativität, denn Modeschöpfer und Designer setzen hier die neuesten Trends.

Dresscode
So verwundert es nicht, wenn die Mailänder großen Wert auf ihr Aussehen legen. Auch im Arbeitsalltag sind sie möglichst schick und bei jedem besseren Anlass richtig elegant gekleidet. Denn gutes Aussehen gilt als Pflicht in Italiens Hochburg der Alta Moda. Selbst zum Einkauf im Supermarkt zieht man sich schön an, und auch Kinder sehen immer adrett aus. Das Angebot an Modegeschäften für Kinder ist übrigens enorm, und auch hier vom Teuersten bis zum Erschwinglichen …

Welthauptstadt der Mode …
Für Fashionfans ist Mailand ein unbedingtes *Must!* An kaum einem anderen Ort in Europa gibt es mehr Modeschöpfer als hier. In den luxuriösen Straßen des ›Goldenen Karrees‹ ist jedes wichtige Modelabel vertreten. Und wohl nirgendwo sonst spielt die Mode eine so große Rolle überall in der Stadt.

Mailand kleidet sich und die Welt – gerne auch auffallend und ungewöhnlich

Schlaglichter und Impressionen

Der Designboom – in vielen anderen europäischen Städten bereits wieder verebbt – hält in Mailand ungebrochen an

Zum Beispiel in der Gastronomie: Armani setzte im Jahr 2000 einen Trend, als er sein japanisches Restaurant Nobu eröffnete und so einen ersten Zusammenhang zwischen Mode und Küche herstellte. Inzwischen kann man auch bei anderen Modeschöpfern einkehren, sich zur Ruhe betten und sich verwöhnen lassen. Den Modemachern reichen die Showrooms und Boutiquen nicht mehr, sie eröffnen Hotels – so das Hotel Bulgari, die Maison Moschino und das neue Hotel von Armani –, Restaurants, Bars und Lokale: Armani, Cavalli, Dolce e Gabbana, Gucci sind nur einige auf der langen Liste.

Wie eng die Kunst mit der Mode verwoben sein kann, sieht man an der Fondazione Prada mit ihren interessanten Ausstellungen zeitgenössischer Kunst (Via Spartaco 8, www.fondazioneprada.org) oder auch an der Fondazione Trussardi (www.fondazionenicolatrussardi.com), die besondere Orte in der Stadt für Ausstellungen oder Installationen nutzt, z. B. das Aquarium oder die Sala Reale im Hauptbahnhof. Und Modestylistin und Inhaberin des

Schlaglichter und Impressionen

Krizia-Konzerns Mariuccia Mandelli öffnet ihren Spazio Krizia (www.krizia.it) für kulturelle Anlässe und Ausstellungen.

Auch die Liaison zwischen Mode und Architektur wird enger. So hat sich Modezar Armani sein Hauptquartier in einem ehemaligen Fabrikgebäude mit einem eigenen Theater ausstatten lassen. Ihm eifern nun – natürlich – die anderen nach.

Last but not least – Mode und Design: Immer mehr Modeschöpfer entwerfen auch Einrichtungsgegenstände und kreieren ihre eigene ›home collection‹.

… und des Designs

Schon in den 1920er-Jahren avancierte Mailand zu einem Zentrum italienischen Designs. Eine Biennale der Dekoration und Künste fand zum ersten Mal in Monza statt, die dann als Triennale in einem Drei-Jahres-Rhythmus in dem 1933 von Giovanni Muzio erbauten Palazzo dell'Arte (heute Triennale) veranstaltet wurde. In den 1928 erstmals erscheinenden Fachzeitschriften »Domus« und »Casabella« stellten die damals gerade dem Politecnico entsprungenen jungen Architekten ihre Kreationen vor. Vorbilder waren Le Corbusier und Mies van der Rohe.

Doch der wirkliche Designboom setzte erst nach dem Zweiten Weltkrieg ein, als der beginnende Wohlstand die industrielle Produktion ankurbelte und die Möbelfirmen sich in Designproduzenten verwandelten. Bedeutende Namen dieser Zeit waren u. a. Achille Castglioni, Vico Magistretti, Enzo Mari, Bruno Munari, Gio Ponti, Ettore Sottsass, Marco Zanuso. Heute hat Mailand einige bekannte, auch von vielen Studenten aus dem Ausland besuchte Designschulen wie die Domus Academy, das Istituto Europeo del Design, Naba, die neue Scuola Politecnica del Design. Studios sind ständig auf Talentsuche und geben jungen Designern eine erste Plattform zur Verwirklichung ihrer Ideen.

Der wichtigste Termin im Jahr ist der Salone del Mobile im April. Dann strömen die Kreativen aus aller Herren Länder nach Mailand.

Politik, Geld und Macht

Mailand ist die wichtigste Geschäfts- und Finanzstadt Italiens. Und die Region Lombardei, deren Hauptstadt sie ist, gehört zu den wohlhabendsten Regionen Europas. Hier sitzen die Börse und die größten Banken des Landes.

Es wimmelt auch von großen Versicherungen, Werbeagenturen, Instituten für Marktforschung und Firmenconsulting. Den Grundstein legten die großbürgerlichen Industriellenfamilien zu Beginn des vorigen Jahrhunderts, als sie Mailand zur Hauptstadt der Industrie machten. Riesige Unternehmen wie Pirelli oder Falck gaben Tausenden Arbeit. Ganze Arbeiterstädte wie z. B. Sesto San Giovanni wuchsen in ihrer Nähe. Mit dem Abbau der Industrie hat sich eine Lawine von hässlichen Werk- und Lagerhallen über das Hinterland gewälzt, denn aus der Großindustrie wurden unzählige Kleinbetriebe.

Mailand schießt in die Höhe

Gleich an mehreren Stellen der Stadt ›wachsen‹ jetzt Hochhäuser und verändern Mailands Skyline. Mit den alten Messehallen verschwand auch ein Emblem der Industrieära. Hier entsteht jetzt ›City Life‹, drei Wohntürme nach den Entwürfen der berühmten Architekten Zaha Hadid, Arata Isozaki und Daniel Libeskind. Und im Turm von Libeskind soll Mailand auch endlich ein Museum für zeitgenössische Kunst bekommen.

Das Verwaltungszentrum der Region Lombardei wächst gerade immens in

Schlaglichter und Impressionen

Daten und Fakten

Gründung: Im 4. Jh. v. Chr. gründen die keltischen Insubrier in der Region eine Siedlung.
Lage: 122 m über dem Meeresspiegel im Norden, mitten in der Po-Tiefebene.
Verwaltung: Mailand ist die Hauptstadt der Region Lombardei. Sie wird seit den Kommunalwahlen im Juni 2011 von einer Linkskoalition regiert, der amtierende Bürgermeister ist Giuliano Pisapia.
Bevölkerung: Die Einwohnerzahl sinkt im Stadtraum kontinuierlich und liegt mittlerweile bei knapp 1,3 Mio.; dafür steigt sie aber in den 100 Gemeinden des Umlandes. 25 % der Stadtbevölkerung ist über 65 Jahre alt.
Superlative: Die Mailänder Scala gehört zu den berühmtesten Opernhäusern der Welt. Außerdem: Mailand ist die italienische Hauptstadt für Mode und Design, die wichtigste Messestadt und auch die größte Verlagsstadt Italiens. Es ist Finanzhauptstadt, Sitz der größten Banken und der italienischen Börse.

die Höhe. Und das direkt vor der Nase des alten Viertels Isola – welch ein Kontrast!

Die größte Urbanisierungsmaßnahme Italiens

Obwohl die berühmtesten Architekten herbeieilen, um beeindruckende Beispiele ihrer Schaffenskraft zu hinterlassen, tut sich Mailand schwer, polyzentrisch zu werden. Die gewaltige Urbanisierungsmaßnahme der Bicocca, des ehemaligen Firmengeländes von Reifenhersteller Pirelli, ist hierfür beispielhaft: Hier stehen nicht nur die Universität, das 2002 eingeweihte Opernhaus Teatro Arcimboldi (fungierte 2002–2004 als Ersatzbühne für die Mailänder Scala) und der Hanger Bicocca mit den sieben himmlischen Türmen von Anselm Kiefer. Hier finden sich auch die Sitze großer Firmen, das Headquarter von Pirelli, Büros und Wohnungen, die schnell als Anlage verkauft wurden. Aber die Straßen sind abends leer. Dann fehlt das urbane Leben komplett. Das spielt sich (noch) im alten Mailand ab. Etwas mehr Leben pulsiert in Bovisa. Hierher wurde anstelle ehemaliger, dann brachliegender Industriegelände das Politecnico verlegt, um das immer mehr Lokale eröffnet werden.

Die Milanesi

Die soziale und wirtschaftliche Führungsmetropole Mailand mit all den Problemen und Widersprüchen einer zu schnell gewachsenen Großstadt und ihren vielen Gesichtern zu verstehen, bedeutet Italien zu verstehen. Denn Mailand ist eine Synthese, ein Konstrukt mit Menschen aus ganz Italien.

›Der‹ Mailänder ist übrigens immer in Eile. Selbst den Kaffee trinkt er im Stehen, Tische und Stühle nutzen die Touristen. Aber Mailand ist viel mehr als die Stadt, in der es alle eilig haben. Auch Kultur, Musik, Kunst, Mode, Küche und Amüsement spielen hier eine große Rolle.

Die Einwohnerzahl der Stadt ist in den letzten Jahren auf knapp 1,3 Mio. gesunken, weil hohe Mieten und eine schlechte Luft die Bewohner ins Hinterland treiben. Und Mailand wird alt: Jeder vierte Einwohner ist bereits über 65 Jahre alt, immerhin 470 Milanesi sind über 100 Jahre alt.

Schlaglichter und Impressionen

Mailand ist trotz seiner Effizienz und einer gewissen Kühle die Stadt mit den meisten Ehrenamtlern in Italien. Man sagt: »Milano ha il cuore in mano«, »Mailand trägt das Herz in der Hand«, ist großzügig und hilfsbereit.

Mailand ohne Mailänder

Die günstige geografische Lage – die oberitalienischen Seen und die Schweiz sind nur eine, das Meer eineinhalb, die Berge knapp zwei Stunden entfernt – treibt alle Mailänder, die es sich leisten können, am Wochenende aus der Stadt, während Scharen von Jugendlichen aus dem Hinterland die Multistores und Fast-Food-Lokale im Zentrum stürmen. Auf dem Domplatz wird man dann kaum einen Einheimischen antreffen.

Typisch mailändisch

Was fällt einem bei Mailand ein? Mode und Design natürlich, aber auch Panettone und Campari, Inter und Milan, die beiden Fußballmannschaften, »Corriere della Sera« und »Gazzetta dello Sport«, die beiden meistgelesenen Zeitungen auf nationaler Ebene, die beide schon weit über 100 Jahre alt sind.

Umweltfragen

›Dicke Luft‹ gibt es in Mailand leider oft, vor allem im Winter, wenn nicht nur der Verkehr, sondern auch die Heizungen die Luft verpesten. Dann wird die Feinstaubkonzentration so hoch, dass autofreie Tage einberufen werden. Um gegen den Smog anzukämpfen, hat Mailand nach dem heftig umstrittenen Ecopass-System die AreaC eingeführt. Die Zufahrt zum Zentrum mit dem eigenen Wagen kostet nun 5 €. Doch die Gegner meinen, das saniere lediglich die Stadtkasse und verbessere nicht die Luftqualität.

Mailand ist Zentrum eines Einzugsgebietes von ca. 6 bis 7 Mio. Menschen, von denen viele mit dem Auto zur Arbeit in die Großstadt pendeln. Die autopassionierten Italiener konnten sich bislang weder mit Carsharing noch Carpooling anfreunden. Italien droht im Verkehr zu versinken, tatsächlich handelt es sich um das EU-Land mit der höchsten Autozahl pro Kopf.

Mailänder Wappen

Das offizielle Stadtwappen ist ein rotes Kreuz auf einem weißen oder silbernen Schild, darüber eine fünfzackige Krone. Ein Lorbeer- und ein Eichenast, von einem Band in den Farben der italienischen Fahne zusammengehalten, umrahmen das Kreuz. Schon 1176, als die Lega Lombarda Friedrich Barbarossa bei der Schlacht von Legnano schlug, wurde dieses Wappen zu ihrem Wahrzeichen.

Viel bekannter ist aber der ›Bisson‹, der dem Wappen der Visconti entlehnt wurde. Es handelt sich hierbei um die Drachenschlange, die ein Kind verschlingt. Oder spuckt sie es aus? Dem ›Bisson‹ begegnet man häufig: im Alfa-Romeo-Logo, als einem der Symbole der Fußballmannschaft Inter Mailand und auch bei Fininvest, dem Imperium Berlusconis.

Mailands Stadtwappen

Geschichte, Gegenwart, Zukunft

Von den Anfängen bis zum Mittelalter

Mailands Geschichte ist alt, auch wenn man es der Stadt auf den ersten Blick nicht ansieht. Kelten gründeten sie im 4. Jh. v. Chr. mitten in der Po-Tiefebene. 222 v. Chr. eroberten die Römer die Stadt, die in den folgenden Jahrhunderten expandierte. Sie wurde erst römisches Municipium und dann von 293 bis 402 Hauptstadt des Weströmischen Reichs.

Dem Toleranzedikt von Kaiser Konstantin (313) ist letztlich ein verändertes Stadtbild geschuldet, da zahlreiche Kirchen und Basiliken entstanden.

Nach dem Untergang des Weströmischen Reichs begann die Völkerwanderung. Germanische Stämme zogen durch Norditalien. Ostgoten, Langobarden, Franken und Karolinger unterwarfen Mailand. Friedrich Barbarossa nahm die Stadt 1162 ein und zerstörte sie fast völlig. In der Folge wurde Mailand zum Zentrum der Opposition gegen die Fremdherrschaft, die Lega Lombarda bildete sich, die Barbarossa 1176 in der Schlacht von Legnano unterwarf.

Mailand wurde nun ein freier Stadtstaat. Doch die Autonomie währte nur kurz. Ab 1277 bestimmte die Familie Visconti die Geschicke der Stadt. 1386 begann der Bau des Doms. 1447 eroberten die Sforza das Herzogtum. Ludovico il Moro machte Mailand zu einem Zentrum der Renaissancekultur und berief Bramante und Leonardo da Vinci an seinen Hof.

Autonomieverlust

Doch 1499 eroberten die Franzosen Mailand und für die Stadt begann eine lange Zeit unter wechselnden Fremdherrschaften – nach Frankreich und Spanien folgten für fast 150 Jahre die Österreicher. Wichtige Reformen wurden im 18. Jh. unter Maria Theresia durchgeführt. Zeitgleich entstanden die Scala, der Palazzo Reale und die Villa Reale. Nach einer kurzen napoleonischen Zwischenphase erlangte erneut Österreich die Macht in der Stadt. Doch die italienischen Unabhängigkeitsbestrebungen wurden massiver. 1848 kam es zum blutigen Aufstand, Le Cinque Giornate, gegen die Fremdherrschaft. Mailand wurde zum Hauptzentrum des Risorgimento, der Einigungsbewegung. Im Jahr 1861 erfolgte die Einigung Italiens. Mailand entwickelte sich zur wirtschaftlichen und industriellen Hauptstadt des Landes. Vor allem Metall und Gummi wurden hier produziert. Viele Landbewohner zogen in die Metropole. Neue elegante Wohnviertel entstanden, die Galleria Vittorio Emanuele und auch das Gefängnis San Vittore, der Cimitero Monumentale sowie zig Fabriken.

Moderne

Mailand wurde zur experimentierfreudigen Stadt der Moderne. Diverse politische und gesellschaftliche Erneuerungen gingen von ihr aus. Auch stand hier sowohl die Wiege des Faschismus als auch des Widerstands. 1943 erlitt die Stadt schwere Bombenangriffe durch die Alliierten.

In den 1950er-Jahren begann mit dem Wirtschaftswunder eine Phase des schnellen, leider wenig rationellen Wiederaufbaus. Mailand avancierte zur Handels-, Finanz- und Industriehaupt-

Geschichte, Gegenwart, Zukunft

stadt Italiens. Große Migrationswellen kamen aus ganz Italien, soziale Spannungen wuchsen. In den 1960er- und 1970er-Jahren wurde Mailand Schauplatz von Studentenrevolten, schweren Arbeiterkämpfen und Terroranschlägen.

Separatistische Bestrebungen

In den 1990er-Jahren erhielt die autonomistische Lega Nord große Zustimmung. Der größte Korruptionsskandal, Tangentopoli, und der damit verbundene Vertrauensverlust für die Parteien der ersten Republik bescherten der Lega 1992 den ersten großen Wahlsieg. Mit einer engen territorialen Bindung und rechtspopulistischen Parolen für Sicherheit und gegen illegale Einwanderung gelang es dieser inzwischen ältesten Partei, immer mehr Gewicht und Stimmen zu erlangen.

Große Baupläne

Mit der Expo im Jahre 2015 hofft Mailand unter dem Motto »Den Planeten ernähren, Energie für das Leben« wieder Italiens heimliche Hauptstadt zu werden. Zum Heiligen Jahr 2000 hatte sich Rom herausgeputzt, Turin 2006 zur Olympiade. Mit seiner Expo will sich nun Mailand nach den fetten Jahren des Wirtschaftsbooms als vitale Kulturstadt profilieren.

Bessere Verkehrsverbindungen, der Ausbau von Rad- und Wasserwegen, mehr Grünflächen stehen auf der Agenda. Mailand hat sich viel vorgenommen. Eine Reihe von Großprojekten hat man schon in Angriff genommen. Jahrzehntelang brachliegende, ehemals industriell genutzte Flächen werden umgewandelt. Am Garibaldi-Bahnhof entsteht ein völlig neues Hochhaus-Viertel mit Hotels, Büro- und Wohnräumen der Città della Moda und dem Bosco Verticale des Architekten Stefano Boeri: Bäume und Büsche sollen auf den Balkonen der beiden Wohntürme an der Porta Nuova wachsen. Und auf dem ehemaligen Messegelände entstehen die drei Hochhäuser des Projekts City Life der Stararchitekten Hadid, Libeskind und Isozaki, denen die Mailänder schon die Beinamen »der Gerade«, »der Krumme« und »der Bucklige« verpassten.

Mit 161,3 m und 39 Etagen ist der Palazzo Lombardia der höchste Wolkenkratzer Italiens

Reiseinfos von A bis Z

Anreise

... mit dem Flugzeug

Mailand hat drei Flughäfen: Linate (LIN), ca. 10 km östlich des Zentrums, dient vor allem dem inneritalienischen Flugverkehr. In Malpensa (MXP), ca. 50 km nordwestlich der Stadt, wird fast der gesamte Flugverkehr über zwei Terminals abgewickelt, während Billiganbieter vor allem den Flughafen bei Bergamo (BGY), ca. 50 km nordöstlich von Mailand in Orio al Serio nutzen.
Auskunft: Linate und Malpensa: Tel. 02 74 85 22 00, www.sea-aero portimilano.it; Bergamo: Tel. 035 32 63 23, www.orio aeroporto.it
Transfer:
Nach **Linate** kommt man von 5.30 bis 0.20 Uhr mit dem ATM-Linienbus Nr. 73 ab Corso Europa (Piazza San Babila). Er fährt etwa alle 15 Min., braucht ca. 30 Min. und kostet 1,50 €. Der Starfly Bus fährt vom Busterminal am Hauptbahnhof auf der Seite Piazza Luigi di Savoia von 4.35 bis 21 Uhr alle 30 Min. und kostet 5,50 €. Die Taxifahrt vom Zentrum aus dauert je nach Verkehr etwa 20 Min. und kostet ca. 30/40 € (da der Taxameter läuft, hängt der Preis nicht nur von der Strecke, sondern auch von der Dauer der Fahrt ab).

Nach **Malpensa** fährt ab Cadorna der Zug Malpensa Express (Tel. 199 15 11 52, www.malpensaexpress.it) von 4.20 bis 0.30 Uhr alle 30 Min., 11 €. Die beiden Buslinien Autostradale und Malpensa Shuttle, die von 4.25 bis 23.15 Uhr abwechselnd alle 10–20 Min. vom Airterminal am Hauptbahnhof auf der Seite Piazza Luigi di Savoia nach Malpensa fahren, halten auch in Viale Teodorico (Messe), Dauer etwa 60 Min., Ticket 7,50 €. Info: Tel. 02 33 91 07 94, www.autostradale.it, www.mal pensashuttle.it. Die Taxifahrt vom Zentrum aus dauert je nach Verkehr etwa 50 Min. und kostet ca. 85 €.

Zum Flughafen **Orio al Serio Bergamo** fährt vom Airterminal am Hauptbahnhof auf der Seite Piazza Luigi di Savoia ein Bus von 4 bis 23.30 Uhr etwa alle 30 Min. (Sa, So seltener), Ticket 9 €, Dauer etwa 60 Min. (Achtung: bei dichtem Verkehr sehr oft länger). Taxi: ca. 100 € (auch hier s. Linate).

... mit der Bahn

Aus allen Richtungen erreicht man Mailand bequem und direkt mit der Bahn. Fast alle Züge kommen am Hauptbahnhof, der Stazione Centrale, an. Die Gleise befinden sich im Obergeschoss in der Galleria delle Partenze (Abfahrtshalle) ebenso wie ein Informationsbüro, eine Bank, eine Apotheke (24 Std. geöffnet) und diverse Geschäfte. Ab der Stazione Nord Cadorna fahren Züge nach Como und über Varese nach Laveno am Lago Maggiore (www.lenord.it). Tickets müssen vor der Abfahrt im Stempelautomaten auf dem Gleis entwertet werden, sonst riskiert man saftige Strafen.
Zugauskunft: Tel. 89 20 21, www.trenitalia.it.

Mit den Metrolinien 2 und 3 erreicht man das Zentrum schon in wenigen Minuten. Fahrkarten kauft man an Kiosken, in mit ›T‹ gekennzeichneten Tabakläden, *tabacchi*, oder am Automaten. **Tipp:** Für Reisende, die mit der Bahn am Hauptbahnhof ankommen, empfiehlt es sich, die Karten oben in der Bahnhofshalle zu kaufen, da sich

Reiseinfos von A bis Z

unten in der Metrostation meist sehr lange Schlangen bilden. Busse fahren ab der Piazza Luigi di Savoia neben dem Bahnhof ab und Straßenbahnen ab der anderen Seite vom Bahnhof Piazza IV Novembre.

... mit dem Auto

Aus Deutschland reist man über die österreichische Brennerautobahn A 22 (Innsbruck–Bozen) oder über den St.-Gotthard-Pass bzw. den San Bernardino aus der Schweiz (Bellinzona–Como) an. Italienische Autobahnen sind in der Regel in gutem Zustand, aber gebührenpflichtig. Die Höchstgeschwindigkeit für Pkws beträgt dort 130 km/h, auf Landstraßen 100 km/h.

Diplomatische Vertretungen

Generalkonsulat der Bundesrepublik Deutschland: Via Solferino 40, Mailand, Tel. 02 623 11 01, Notdienst (Handy) 33 56 25 56 21, 33 56 25 56 22, www.mailand.diplo.de, Mo–Fr 8.30–11.30, Passstelle auch Di 14–16 Uhr

Österreichisches Generalkonsulat: Piazza del Liberty 8/4, Mailand, Tel. 02 78 37 43, 02 78 37 45, www.bmeia.gv.at, mailand-gk@bmeia.gv.at, Mo–Fr 9–12 Uhr

Schweizer Generalkonsulat: Via Palestro 2, Mailand, Tel. 027 77 91 61, www.eda.admin.ch/milano, Mo–Fr 9–12 Uhr

Einreisebestimmungen

Ausweispapiere: Für EU-Bürger und Schweizer reichen für die Einreise Personalausweis oder Identitätskarte. Kinder unter 16 Jahren ohne eigenen Ausweis müssen im Reisedokument der Eltern eingetragen sein.

Ein- und Ausfuhr: Für die Einreise nach Italien gelten die EU-Zollbestimmungen. Für Schweizer gelten besondere Zollbeschränkungen. Eine aktuelle Liste der Bestimmungen erhält man beim Zollamt oder im Reisebüro.

Haustiere: Ausweis mit gültiger Tollwutimpfung und Mikrochip müssen vorliegen.

Feiertage

1. Jan.: Neujahr (Capo d'anno)
6. Jan.: Dreikönig (Epifania)
Ostersonntag und Ostermontag: Pasqua
25. April: Liberazione
(Tag der Befreiung vom Faschismus)
1. Mai: Tag der Arbeit
(Festa del lavoro)
2. Juni: Festa nazionale
15. Aug.: Ferragosto
1. Nov.: Allerheiligen (Ogni Santi)
7. Dez.: Fest des Stadtpatrons
(Sant'Ambrogio)
8. Dez.: Unbefleckte Empfängnis
(Immacolata Concezione)
25. Dez.: Natale (Weihnachten)
26. Dez.: Santo Stefano

Feste und Festivals

Dreikönigsumzug: 6. Jan., vom Dom zur Kirche Sant'Eustorgio.
Carnevale Ambrosiano: Feb./März. Karneval, der am Aschermittwoch erst richtig beginnt und am darauffolgenden Wochenende mit einem großen Umzug auf dem Domplatz endet.
Festival del Cinema Africano, d'Asia e America Latina: März, www.festivalcinemaafricano.org; auf verschiedene Kinos im Zentrum verteilt.

Reiseinfos von A bis Z

Giornata delle Porte Aperte: 3. Wochenende im März. Der FAI, Fondo Ambiente Italiano, organisiert einen Tag der offenen Tür. Kirchen, Parks und Palazzi, die man sonst nicht besichtigen kann, werden kostenlos geöffnet.
Stramilano: Ende März/Anfang April: internationaler Marathonlauf durch die Stadt.
Fiori sul Naviglio: April. Blumenmarkt mit etwa 200 Ständen an den Navigli.
Pittori sul Naviglio Grande: Mai. Etwa 300 Maler stellen ihre Werke entlang dem Kanal aus.
Festa dei Navigli: Juni. Rings um die Navigli findet ein Fest mit Marktständen, Theater- und Musikveranstaltungen statt. Infos bei: Associazione Naviglio Grande, Tel. 02 89 40 99 71.
Notte Bianca: Juni. Eine Nacht, in der durchgehend an verschiedenen Orten Kunst, Musik, Theater und Tanz geboten wird, meistens im Juni.
Festival Internazionale di Cinema GayLesbico e Queer Culture di Milano: Juni. Eine Woche lang Spiel-, Kurz-, Dokumentarfilme zum Thema.
Estate all'Idroscalo: Juli/Aug. Auch an Mailands künstlichem See finden alle möglichen kulturellen und sportlichen Veranstaltungen statt.
Milano d'Estate: Juli/Aug. Konzerte, Theater- und Ballettaufführungen auch unter freiem Himmel.
Formel-1-Rennen: Mitte Sept., im Autodromo nazionale di Monza.
MITO Settembre Musica: Sept., www.mitosettembremusica.it. Internationales, dreiwöchiges Musikfestival, das seit 2007 Mailand und Turin vereint. Weit gefächertes und genreübergreifendes Programm von klassischer Musik bis Rock, Jazz und Pop, von Alter Musik bis hin zu den innovativsten Avantgardeprojekten. Viele Konzerte bieten freien Eintritt.

Beginn Scala-Saison: 7. Dez., feierliche Eröffnung der Scala-Saison.
›Oh Bej, Oh Bej‹: 7. Dez. Der beliebte Markt findet um den 7. Dez. (Feiertag zu Ehren des Stadtpatrons Sant'Ambrogio) auf der Piazza Castello statt.
Messen: s. S. 20

Fundbüro

Ufficio oggetti smarriti: Via Friuli 30, Tel. 02 88 45 39 00, Mo–Fr 8.30–16 Uhr

Gesundheit

Die medizinische Versorgung entspricht dem mitteleuropäischen Standard. Mit der Europäischen Krankenversicherungskarte (EHIC) können notwendige medizinische Leistungen von Vertragsärzten und staatlichen Krankenhäusern kostenfrei in Anspruch genommen werden. Behandlungen, die nicht im italienischen Leistungskatalog enthalten sind und vor Ort bezahlt werden müssen, werden i. d. R. gemäß den Sätzen der heimischen Krankenkasse erstattet. Eine Reisekrankenversicherung ist empfehlenswert. Schweizer und Privatversicherte sind ausreichend abgesichert.
Krankenhäuser im Zentrum: Fatebenefratelli, Corso di Porta Nuova 23, Policlinico, Via Francesco Sforza 35
Deutschsprachige Ärzte: Im deutschen Konsulat gibt es eine Liste mit Namen deutschsprachiger Ärzte.
Apotheken: Farmacia, haben ein leuchtendes grünes Kreuz.

Informationsquellen

ENIT: Beim Staatlichen Italienischen Fremdenverkehrsamt erhält man Infor-

Reiseinfos von A bis Z

mationsmaterial sowie Straßenkarten, die man auch schriftlich anfordern kann (www.enit-italia-de).

... in Deutschland
Italienische Zentrale für Tourismus ENIT, Direktion für Deutschland, Österreich und Schweiz, Barckhausstr. 10, 60325 Frankfurt am Main, Tel. 069 23 74 34, frankfurt@enit.it, Mo–Fr 9.15–17 Uhr – Prinzregentenstr. 22, 80538 München, Tel. 089 53 13 17, muenchen@enit.it, Mo–Fr 10–17 Uhr

... in Österreich
Kärntnerring 4, 1010 Wien, Tel. 01 505 16 39, vienna@enit.it, Mo–Do 9–17, Fr 9–15.30 Uhr

... in der Schweiz
Uraniastr. 32, 8001 Zürich, Tel. 04 34 66 40 40, zurich@enit.it, Mo–Fr 9–17 Uhr

IAT (Mailänder Fremdenverkehrsamt)
Piazza Castello, 1 Ecke Via Beltrami, Tel. 02 77 40 43 43, www.visitamilano.it, Mo–Fr 9–18, Sa 9–13.30/ 14–18, So u Fei 9–13.30/14–17 Uhr. Geschl. 1.1., 1.5, 25.12. Zweigstelle im Obergeschoss des Hauptbahnhofs, Tel. 02 77 40 43 18, geöffnet s. o.
Das IAT informiert über Veranstaltungen, Öffnungszeiten, Hotels etc. und vergibt etliche Prospekte und Broschüren (auch auf Deutsch). Sehr nützliche Internetseite mit Allround-Informationen auf Italienisch und Englisch.

Im Internet
Länderkennung Italien: .it
Mailand ist im Internet in deutscher Sprache schlecht vertreten, die meisten Websites sind nur auf Italienisch und/oder Englisch. Bei der Suche ist es nützlich, die verschiedenen Namen (Mailand/Milano/Milan) zu versuchen.
www.visitamilano.it: gut gemachte Infoseite des Fremdenverkehrsbüros auf Italienisch und Englisch (z. B. Liste aller Hotels mit detaillierten Angaben).
www.turismo.comune.milano.it: Die Seite der Stadt Mailand hat auch einige touristische Informationen auf Englisch.
http://welmilano.itcons.com: Informationsseite der Stadtverwaltung für Besucher, auf Englisch.
www.hellomilano.it: gute Allround-Information auf Englisch.
www.museidelcentro.milano.it: die wichtigen mailändischen Museen. Sehr schöne historische Darstellungen, Öffnungszeiten, Preise, Anfahrt, leider nur auf Italienisch.
www.milano24ore.de: deutschsprachige Tourismusseite mit Hotelbuchung, Eventkalender, Ticketservice, auch für Fußballspiele.
www.vivimilano.it: Die Internetseite der Mittwochsbeilage des »Corriere della Sera« mit zig Links und News, allerdings nur auf Italienisch.
www.acmilan.com, www.inter.it: die Websites der beiden großen Mailänder Fußballvereine. Termine und Ticketinformationen, auch auf Englisch.
www.guidaspacci.it: Website der sich immer weiter verbreitenden ›Outlet-Kultur‹, leider nur auf Italienisch.
www.italy-outlet.com: Internet-Store für italienische Designerware, auch auf Deutsch.

Kinder

Für kleine Leute sind Großstädte nie das ideale Pflaster. Aber vieles wird im geschäftigen Mailand durch die italienische Kinderfreundlichkeit kompensiert. So ist ein Restaurantbesuch in Italien auch mit kleinen lauten Gästen möglich. Und einige kindgerechte Sehenswürdigkeiten und Museen hat die Stadt auch zu bieten.

Reiseinfos von A bis Z

Museen und Theater

Die ägyptischen Mumien oder die Instrumentensammlung im **Castello Sforzesco** sollten größere Kinder begeistern (s. S. 44). Wenige Schritte weiter am Parkrand steht das **Aquarium** (s. S. 49). Größere Kinder werden im **Civico Museo della Scienza e della Tecnica Leonardo da Vinci** (s. S. 51) fasziniert sein von den Erfindungen des Genies. Im selben Gebäude befindet sich das Schifffahrtsmuseum (s. S. 51). Auch das **Civico Museo di Storia Naturale** (s. S. 65), Museum für Naturgeschichte, befindet sich in einem Park. Und auch die beiden **Marionettentheater** Carlo Colla e Figli (www.marionettecolla.org, gastiert zuweilen beim Piccolo Teatro) und Teatro Gianni e Cosetta Colla (www.teatrocolla.org, gastiert im Teatro della XIV) lohnen den Besuch.

An der frischen Luft

Ein schönes Ziel ist der **Parco Sempione** (s. S. 47). Hier kann man rennen, spielen, picknicken und das **Castello Sforzesco** besichtigen.

Klimadiagramm Mailand

Minitalia in Capriate (Bg) an der Autobahn Richtung Venedig (ca. 40 km, 45 Min., Tel. 029 09 01 69, www.minitalia.com, Ende März–Mitte Sept. Di–So 9.30–18, an Wochenenden und im Aug. tgl. 9.30–19 Uhr, März, Okt.–Dez. nur an Wochenenden 9.30–17/18 Uhr, Erw. 22 €, Kinder, 1–1,40 m, 17 €, gratis am Geburtstag) bietet Italien en miniatur: Man läuft auf dem von Wasser umspülten ›Stiefel‹ zwischen den wichtigsten Sehenswürdigkeiten und Highlights wie dem Mailänder Dom, dem schiefen Turm von Pisa, dem Kolosseum, den Alpen und dem Apennin einmal durch ganz Italien. Nebenan locken ein Lunapark und ein Spielplatz.

Der **Parco della Preistoria** im Adda-Naturschutzgebiet (Rivolta D'Adda Provinz Cremona, ca. 20 km von Mailand, Tel. 036 37 81 84, www.parcodellapreistoria.it, Ende Feb.–Mitte. Nov. tgl. 9–17, im Sommer bis 18 Uhr, Erw. 11 €, Kinder 3–13 Jahre 9 €) lockt mit lebendigen Tieren sowie 27 in Originalgröße rekonstruierten Sauriern.

Klima und Reisezeit

Das gemäßigte subtropische Übergangsklima beschert Mailand meist milde Winter (selten unter 0 °C, dafür Nebel und Feuchtigkeit) und heiße Sommer mit Durchschnittstemperaturen um 30 °C.

Der Mailänder Terminkalender ist das ganze Jahr über gespickt voll mit Messen, kulturellen oder gesellschaftlichen Ereignissen. Sollte man keinem dieser Termine verpflichtet sein, so ist die beste Reisezeit im Frühjahr oder im Herbst (Achtung, während der Modemessen ist alles ausgebucht!). Der ruhigste Monat ist der August, nur ist dann fast alles geschlossen: »chiuso per ferie«.

Reiseinfos von A bis Z

AmaMicard

Die Karte kostet 25 €, gilt 48 Std. und bietet: freie Fahrt mit öffentlichen Verkehrsmittel, freien Eintritt in städtische Museen, Ermäßigungen in vielen Museen und Ausstellungen. Es gibt immer wieder neue Touristenkarten, die Fahrscheine und Ermäßigungen in verschiedenen Museen, Geschäften und Restaurants bieten. Man sollte aber unbedingt darauf achten, ob es sich für einen wirklich lohnt!

Mailänder Messe

Die Messe, eine der größten der Welt, bietet eine breite Veranstaltungspalette rund ums Jahr. Höhepunkte sind Design – **Salone del Mobile** im April – und Mode im Frühjahr und Herbst. Auch die Kunstmesse **Miart** im März sowie viele weitere Fachmessen locken Besucher aus aller Welt rund ums Jahr an.

Die beiden Messesitze sind: Fieramilanocity in der Stadt und Fieramilano in Rho (Tel. 02 49 971 oder gratis innerhalb Italiens 800 82 00 29, www.fieramilano.it, M1).

Öffnungszeiten

Montags haben viele Museen und sonstige Einrichtungen geschlossen!
Kernöffnungszeiten der Geschäfte: Di–Sa 9/10–12.30 und 15–19.30 Uhr. Kaufhäuser und Geschäfte im Zentrum sind meistens durchgehend geöffnet. Einige Läden in den Haupteinkaufsstraßen öffnen auch sonntags. Montags sind Lebensmittelläden nur vormittags geöffnet, alle anderen nur nachmittags.
Banken: Mo–Fr 8.30–13.30 und eine Stunde am Nachmittag zwischen 14.30 und 16.30 Uhr.
Postämter: in der Regel 8.30–13.30 Uhr. Hauptpostamt (Via Cordusio 4, Tel. 02 71 48 21 26): Mo–Fr 8–19, Sa 9.30–14 Uhr.
Apotheken: Farmacia, Hauptbahnhof (Tel. 026 69 07 35) rund um die Uhr geöffnet, andere diensthabende Apotheken sind gratis unter Tel. 800 80 11 85 zu erfragen.
Museen: Museen sind meist durchgehend geöffnet.
Kirchen: Kirchen schließen in der Regel über Mittag.

Rauchen

In allen öffentlichen Lokalen ist Rauchen verboten, außer in Restaurants mit einem eigens dafür vorgesehenen Raum.

Reisen mit Handicap

Leider gehört Mailand nicht zu den besonders behindertenfreundlich gestalteten Städten Europas, auch wenn sich in den letzten Jahren einiges verbessert hat. Durch die ungenügende Infrastruktur sind für Rollstuhlfahrer oft Hindernisse zu erwarten. Zum Glück hilft die Freundlichkeit der Italiener in der Regel über solche Hürden hinweg. Außerdem haben sich viele Hotels mittlerweile auf die Bedürfnisse Behinderter eingerichtet und stellen entsprechende Zimmer zur Verfügung.

Leider ist nur die M3, die gelbe Metrolinie, komplett barrierefrei für Behinderte zu erreichen.

Reiseinfos von A bis Z

Sport und Aktivitäten

Fitness und Wellness

Wer hätte gedacht, dass die Stadt des Business sich zur Stadt des Wellness entwickelt? In den letzten Jahren sind etliche Zentren entstanden und viele größeren Hotels bieten ihre eigenen Fitness- und Wellnesscenter, die allen zugänglich sind. Das Bedürfnis nach Entspannung, Massagen und Körperpflege ist groß. Man wird in elegantem Ambiente mit Marmor und berauschenden Düften empfangen. Auch die Modezaren folgen diesem Trend.

Qc Terme Milano (▶ H 7): Piazza Medaglie d'Oro 2, Tel. 02 55 19 93 67, 02 55 19 48 33, www.termemilano.com, Mo–So 10–22 Uhr, Metro: M3 Porta Romana, Tram 9, 29. Neues großes Wellnesscenter in einem Jugendstilgebäude mit Becken, Dampfbad, Hydromassage und vielem mehr.

Formel 1

Autodromo Monza (▶ Karte 4): Tel. 03 92 48 21, www.monzanet.it. Hier finden die berüchtigten Formel-1-Rennen statt. An rennfreien Wochenenden (Nov.–Feb.) kann man nach Voranmeldung auch mit dem eigenen Fahrzeug über die 5,8 km lange Piste rasen.

Fußball

San Siro (Stadio Calcistico Giuseppe Meazza, ▶ westlich A 2/3): Via Piccolomini 5, www.acmilan.com, www.inter.it, Metro: M1 Lotto, von dort Sonderbusse, Tram: 24. Jeden Sonntag gibt es mind. ein Heimspiel, denn Mailand hat zwei Clubs in der Ersten Liga: Milan (AC Milan) und Inter (FC Internazionale Milano). Das 1990 für die Weltmeisterschaft ganz überdachte Stadion fasst 85 000 Zuschauer. Am besten sitzt man auf der *tribuna* in der Mitte. Karten erhält man im Vorverkauf bei den Fanclubs, in den Filialen der Banca Popolare di Milano oder direkt am Stadion (oft ausverkauft). Warnung: Man hüte sich vor den *bagarini*, die zu Wucherpreisen z. T. gefälschte Karten verkaufen!

Golf

Golfclub Milano (▶ Karte 4): Viale Mulini S. Giorgio 7, Monza, Tel. 039 30 30 81, www.golfclubmilano.it, ganzjährig geöffnet. Dieser Golfclub wurde

Sicherheit und Notfälle

Mailand ist nicht weniger sicher als andere Großstädte. Es sei jedoch gewarnt vor sehr geschickten Taschendieben, besonders in der U-Bahn, in vollen Bussen, im Kaufhausgedränge oder auch an den bekannten und viel besuchten Sehenswürdigkeiten. Vorsicht auch bei den *bagarini*, den Schwarzmarkthändlern, die einem Scala- oder Fußballkarten andrehen wollen. Diese sind oft gefälscht. Achtung! Fahren Sie nicht mit Leuten, die Chauffeurdienste am Bahnhof oder Flughafen anbieten!

Wichtige Notrufnummern

Allgemeiner Notruf: Tel. 113, **Krankenwagen/Medizinische Notfälle:** 118, **Carabinieri** (Polizei): 112, **Feuerwehr:** 115, **Pannenhilfe:** 116 (Soccorso Stradale), **Sperren von Kreditkarten:** Tel. 0049 11 61 16, **von Maestro-, Bank- und Sparkassen-Card:** 0049 18 05 02 10 21

Reiseinfos von A bis Z

Der Umwelt zuliebe – nachhaltig reisen

Die Umwelt schützen, die lokale Wirtschaft fördern, intensive Begegnungen ermöglichen, voneinander lernen – nachhaltiger Tourismus übernimmt Verantwortung für Umwelt und Gesellschaft. Die folgenden Webseiten geben einige Tipps, wie man seine Reise nachhaltig gestalten kann, und bieten Hinweise auf entsprechende Reiseangebote in der ganzen Welt.

www.forumandersreisen.de: Die 150 Reiseveranstalter des Forums Anders Reisen bieten ungewöhnliche Reisen weltweit, Nachhaltigkeit wird durch einen gemeinsamen Kriterienkatalog gewährleistet.

www.sympathiemagazin.de: Länderhefte mit Infos zu Alltagsleben, Politik, Kultur und Wirtschaft sowie Themenhefte u. a. zu Umwelt und Globalisierung.

www.zukunft-reisen.de: Das Portal des Vereins Ökologischer Tourismus in Europa erklärt, wie man ohne Verzicht umweltverträglich und sozial verantwortlich reisen kann.

Mailand ›nachhaltig«: Eines der Hauptprobleme der Stadt ist die Luftverschmutzung. Man tut gut daran, das öffentliche Verkehrsnetz zu nutzen, zumal es gut funktioniert, wogegen die Suche nach einem Parkplatz ein nicht einfaches Unterfangen ist. Oder: Rad fahren (bikeMI, s. S. 25). Man kommt gut und schnell voran, ohne die Luft zu verpesten. Legambiente, die größte Umweltorganisation Italiens, hat die Kampagne ›imbrocchiamola‹ (von *brocca*, der Krug) eingeführt, um den Konsum von Wasser in Plastikflaschen zu reduzieren. In vielen Restaurants kann man jetzt Leitungswasser im Krug bestellen (die Trinkwasserqualität ist gut). Und im Land des Slow Food liegt es nahe, lokale Produkte, möglichst aus biologischem Anbau, zu essen. In den Chicomendes-(Dritte-Welt-)Läden, gibt es nicht nur Handelsgüter aus aller Welt, sondern auch »libera Terra«-Produkte (Wein, Öl, Pasta usw., die auf der Mafia entzogenen Grundstücken biologisch angebaut werden).

1928 im weitläufigen, englisch angelegten Park von Monza gegründet. Heute bietet er einen anspruchsvollen 27-Loch-Parcours.

Schwimmen

Idroscalo (Idropark Fila, ▶ östlich K 5): Via Circonvallazione 29, Tel. 02 70 20 09 02, 02 70 20 83 88, s. S. 79

Piscina Solari (▶ C 6): Via Montevideo, Tel. 024 69 52 78, www.milanosport.it, tägl. geöffnet, man kontrolliere Uhrzeiten auf der Web-Seite. Metro: M2 (Sant'Agostino) , Tram: 14, Bus: 61. Hallenbad im Parco Solari, im Sommer sehr beliebt, da man bei Loungemusik Cocktails schlürfen kann.

Telefon und Internet

Auslandsvorwahlen: Deutschland 0049, Österreich 0043, Schweiz 0041, Frankreich 00 33. Danach jeweils Vorwahl/Rufnummer ohne 0!

Nach Italien: 0039 plus Rufnummer (in die die Ortsvorwahl – für Mailand 02 – bereits integriert ist!). Italienische Festnetznummern beginnen immer mit 0, Handynummern mit 3, nie mit 0.

Telefonauskunft national: 12 54, international: 41 76 (vom Handy: 89 21 76)

Internetcafés sind nicht allzu weit verbreitet. Es gibt zum Glück immer mehr Gratis-Wi-Fi (WLAN), z. B. im Palazzo Carmagnola (s. S. 45). Einen Inter-

Reiseinfos von A bis Z

netpoint gibt es z. B. im Mondadori Multistore (Piazza Duomo 2, Mo–So 9–23 Uhr, 3 €/Std.).

Unterwegs in Mailand

Öffentliche Verkehrsmittel

Mit den Verkehrsmitteln der städtischen Verkehrsbetriebe, ATM (Azienda Trasporti Municipali, Tel. 800 80 81 81, www.atm-mi.it), ist man in der Regel besser und billiger unterwegs als mit dem Auto, zumal es sehr schwierig ist, Parkplätze zu finden. Sie fahren von 6 bis 1 bzw. (Metro) ca. 6.30 bis 0.30 Uhr.

Info: www.atm-mi.it. ATM (Azienda Trasporti Municipali) unterhält eine gut gemachte Infoseite für alle öffentlichen Verkehrsmittel. Berechnet Strecken und gibt Zeitangaben auch auf Englisch.

Metro: Es gibt drei U-Bahnlinien (M1, M2, M3). Linie 1 ist rot, 2 grün, 3 gelb. Zwei weitere Linien werden zurzeit gebaut. Metroeingänge sind mit einem weißen ›M‹ auf rotem Grund markiert. Während der Rush-hour sind die Züge ziemlich voll und im Sommer kann es auch recht stickig sein.

Passante Ferroviario: Von Porta Venezia nach Bovisa Nord fahren unterirdische Züge und verbinden den Nordwesten der Stadt mit den U-Bahnlinien.

Tram: In der ständig verstopften Stadt ist es ideal, Straßenbahnen zu benutzen. Man sieht viel und kommt überall schnell hin. Mailand hat das wohl größte Straßenbahnnetz in Europa. Einige Wagen sind uralt mit blank gesessenen Holzbänken und ledernen Haltegriffen. Man merke sich vor allem die Nummer 9, die in einem Kreis ums Zentrum, die Bastioni, d. h. an der ehemaligen Spanischen Mauer entlangfährt, und in die Nähe vieler Sehenswürdigkeiten führt. Nummer 1 und Nummer 2 fahren quer durch das Zentrum.

Bus: Mailand verfügt über ein ausgezeichnetes Busnetz.

Fahrscheine: Fahrscheine sind nicht beim Fahrer, sondern in den Metrostationen, an Kiosken, in Bars und in Tabacchi-Läden erhältlich. Einzelfahrscheine kosten 1,50 € und sind bei beliebigem Umsteigen (mit der Metro nur eine Fahrt!) in allen öffentlichen Verkehrsmitteln 90 Min. gültig. Sie müssen beim Einsteigen entwertet werden! Für mehrere Fahrten lohnt es sich jedoch durchaus, 24- oder 48-Stunden-Karten (4,50 € bzw. 8,25 €) zu erwerben (auch beim IAT erhältlich).

Radio Bus: Dieser Service bietet eine Art Sammeltaxi zwischen 20 und 2 Uhr. Es empfiehlt sich, den Dienst rechtzeitig zu bestellen (Callcenter: 13–2 Uhr, Tel. 02 48 03 48 03, Fax 02 48 03 63 66, SMS 335 78 72 571, bis spätestens 18 Uhr, man bekommt eine Bestätigung per SMS). Jede Fahrt kostet 3 €. Sollte der Bus mehr als 10 Min. Verspätung haben, kann man unter der Tel. 02 48 03 48 00 nachhaken.

Bus By Night: Fr, Sa 2–5 Uhr, Abfahrten/Zeiten der Minibusse unter www.comunedimilano.it, Bus By Night 1,50 €.

Taxis und Leihwagen

Taxis sind in Mailand nicht billig. Die offiziellen Wagen sind weiß, haben einen Taxameter und eine mehrsprachige Preisliste für mögliche Aufschläge, z. B. bei Nachtfahrten. Sie stehen entweder an den über die ganze Stadt verteilten Taxiständen oder können telefonisch bestellt werden unter Tel. 02 40 40, 02 69 69 oder 02 85 85.

Niederlassungen der **Autoverleihfirmen** findet man an den Flughäfen und am Hauptbahnhof. Avis: Tel. 199 10 01 33, www.avisautonoleggio.it, Hertz: Tel. 199 11 22 11, www.hertz.it, Maggiore: Tel. 199 15 11 20, www.maggiore.it

Reiseinfos von A bis Z

Mit dem eigenen Auto
Area C: Seit dem 16.1.2012 müssen Privatfahrzeuge außer Elektrowagen, die ins Zentrum fahren, unter der Woche von 7.30–19.30 Uhr 5 € zahlen. Benzinautos der Euroklasse 0 sowie Diesel Euro 1,2 und 3 dürfen nicht ins Zentrum. Aktuelle Infos unter Tel. 02 02 02 und www.areac.it.

Parken: Um vor Autodieben und -knackern sicher zu sein, parkt man den Wagen am besten auf einem bewachten Parkplatz oder in einer Garage.

In der Zone A darf man nur auf den blau markierten Plätzen parken. Man muss sich eine ›Sosta Milano‹-Karte besorgen – in Bars oder Tabacchi-Läden erhältlich – und Datum und Uhrzeit freirubbeln (im Zentrum 2 €/Std., Schilder geben Auskunft über Kosten, Zeiten und maximale Parkdauer). Wer falsch parkt, bekommt bestenfalls einen gesalzenen Strafzettel. Das Auto könnte aber auch mit Krallen blockiert und erst nach Bezahlung der Strafe wieder befreit werden. Noch teurer ist es, wenn es abgeschleppt wurde. In diesem Fall muss man im Ufficio Rimozioni (Tel. 02 77 27 02 801) anrufen, die Strafe bezahlen und den Wagen auf einem der Parkplätze abholen.

Organisierte Touren
Die Reiseagentur Zani Viaggi (www.zaniviaggi.it) bietet verschiedene Führungen (Walking Tours auf Englisch) sowie Stadtrundfahrten an. **Grand Tour di Milano** (Di–So, Abfahrt um 14.30 Uhr ab Foro Bonaparte 76/Ecke Via Cusani, 60 €, Kinder 5–15 Jahre 30 €, Karten erhält man auch beim IAT, s. S. 19). Es gibt eine dreieinhalbstündige Sightseeingtour durch Mailand (Dom, Galleria Vittorio Emanuele II, Scala mit Museum, Castello Sforzesco, Leonardo da Vincis »Abendmahl«). Führungen auf Englisch, Mi und Sa auch auf Deutsch.

Milano City Sightseeing (Tel. 02 86 71 31, www.milano.city-sightseeing.it, Erw. 20 €, Kinder 5–15 Jahre 10 €). Das auch an Bord erhältliche Ticket gilt den ganzen Tag für beide Busse. Erste Abfahrt 9.30 Uhr, letzte 18 Uhr ab Piazza Castello. Zwei rote Doppeldeckerbusse, oben offen, fahren täglich zu den wichtigsten Sehenswürdigkeiten. Informationen gibt es über Kopfhörer auch auf Deutsch.

bikeMI – mit dem Fahrrad durch Mailand

Ideal, um sich in der permanent verstopften Stadt schnell fortzubewegen und dabei auch noch viel zu sehen, ist das Fahrrad. Nun hat Mailand ein städtisches Radverleihsystem. Man kann sich entweder für einen Tag (2,50 €), eine Woche (6 €) oder direkt ein ganzes Jahr (36 €) anmelden. Das geht entweder über **www.bikemi.it**, über die Gratisnummer 800 80 81 81 oder bei einem der **ATM Points** in den Metrostationen Duomo, Cadorna, Centrale FS, Garibaldi FS, Romolo und Loreto. Die Bezahlung ist nur mit Kreditkarte möglich. Man bekommt einen Benutzernamen, sucht sich ein Passwort aus und los geht's (Kaution 150 €, auch auf Kreditkarte). Die erste halbe Stunde ist jeweils kostenlos, für jede weitere zahlt man 50 Cent. Ein und dasselbe Fahrrad darf man höchstens 2 Std. behalten, aber nach einer Pause von jeweils 10 Min. darf man beliebig oft das Fahrrad wechseln. Kreuz und quer über das Zentrum der Stadt verteilt befinden sich Plätze, an denen man das Fahrrad holen bzw. abstellen kann (Pläne mit den Parkmöglichkeiten für das Rad liegen aus).

15 x Mailand direkt erleben

König Vittorio Emanuele II scheint hier den Dom erobern zu wollen, doch vor der goldschimmernden Madonnina macht selbst der erste König des vereinten Italiens Halt. In diesem Spannungsfeld von weltlicher und religiöser Macht rund um den Dom beginnt fast jede Stadtbesichtigung.

1 | Herz und Wahrzeichen der Stadt – der Dom

Karte: ▶ F 5 | **Metro:** M1, M3 Duomo

Jeder Mailänder führt seinen Besucher zuallererst zum Dom: Er ist das Herz der Stadt und auch ihr geografisches Zentrum. Rund um das Gotteshaus hat sich die Stadt in immer breiter werdenden Kreisen entwickelt. Und von hier aus sind fast alle Sehenswürdigkeiten schnell zu Fuß zu erreichen.

»Long come la fabbrica del Domm«

»Lang braucht der Bau des Doms«, so sagt man in Mailand zu Arbeiten, die kein Ende nehmen, denn die Veneranda Fabbrica del Duomo, die ehrwürdige Dombauhütte, ist noch stets geöffnet – sie existiert nun schon seit über 600 Jahren. Ihre Mitarbeiter restaurieren und pflegen die Statuen, das Maßwerk und die Ziertürme. Erst seit Kurzem erstrahlt die Fassade nach jahrelanger Restaurierung wieder in neuem Glanz.

Sie entstand übrigens erst 1805 unter Napoleon, der sich im **Duomo Santa Maria Nascente** 1 zum König Italiens krönen ließ. Auf der höchsten Spitze des Doms über der Vierung schimmert die inzwischen längst von Hochhäusern überragte, 4 m hohe goldene Madonnina. Doch auch von diesem Anblick werden sich die Mailänder nun für drei Jahre verabschieden müssen: Das von Wind- und Wassererosion, Temperaturschwankungen und Smog zerfressene Marmortürmchen, auf dem die Madonnina steht, droht zu zerbröckeln. Vor allem der Bau des 60 m hohen, frei stehenden Gerüsts, das sich nirgendwo anlehnen darf, ist in dieser Höhe ein Riesenunterfangen.

Zuckerbackwerk

1386 unter Gian Galeazzo Visconti begonnen, hat der gewaltige gotische Dom von jeher das Stadtbild Mailands geprägt. Um das Bauwerk zu errichten, musste ein ganzes ›Marmorgebirge‹ auf künstlichen Wasserstraßen, die jahrhundertelang das Stadtbild bestimmt haben (s. S. 61), vom Westufer des Lago Maggiore über die Navigli herbeigeschafft werden. Von den einen als »weißes Zuckerbackwerk« gescholten, von den anderen hoch gelobt, ist das imposante Gotteshaus mit einer Länge von 158 m und einer Grundfläche von 1170 m² das drittgrößte des Abendlandes. Um seine Dimensionen auch nur ansatzweise ermessen zu können, sollte man den Dom auf jeden Fall einmal umrunden.

So feierlich das riesige fünfschiffige Innere mit dem dreischiffigen Querhaus und den 52 mächtigen Bündelpfeilern im Dämmerlicht wirkt, das durch die hohen, bemalten Glasfenster dringt, so verspielt scheint das Dach mit seinen 3400 Statuen und Türmchen – ein Meisterwerk der mittelalterlichen Steinmetze. Man beachte im nördlichen Querschiff den kostbaren Bronzekandelaber Trivulzio aus dem 14. Jh. und im südlichen die makabre San-Bartholomäus-Statue. Der arme Heilige trägt seine Haut, die ihm bei lebendigem Leibe abgezogen wurde, wie eine Stola über der Schulter. Man vergesse nicht, auch zu den Fragmenten der Urkirche Santa Tecla hinabzusteigen. Dort, im Baptisterium, hat der hl. Ambrosius 387 den Kirchenvater Augustinus getauft.

Den Schriftsteller Hermann Hesse erinnerte die sehenswerte Dachterrasse des Doms an einen großen marmornen Garten. Man wandert zwischen Skulpturen und filigranen Turmspitzen, blickt auf die Kirchtürme und Dächer der Stadt, auf die wunderliche, sehr umstrittene Torre Velasca aus den 1950er-Jahren, die an die Türme der Viscontiburgen erinnert (s. S. 73), und auf den eleganten Glockenturm von San Gottardo, der so viele Stadtansichten ge-

> **Übrigens:** Zweimal im Jahr kann man hier einer ungewöhnlichen Zeremonie beiwohnen. Die kostbarste Reliquie des Doms, der Sacro Chiodo, ein Nagel aus dem Kreuze Christi, wird hoch über dem Altar aufbewahrt. Ein rotes Lämpchen signalisiert wo. Im Mai und im September zeigt der Erzbischof den Gläubigen den Nagel: Er steigt in einen mit Wölkchen bemalten Korb, die *nivola* aus dem 17. Jh., gondelt in die Höhe und und holt die Reliquie herab (www.internetlanda.com/duomo).

prägt hat. An klaren Tagen reicht der Blick gar bis zum schneebedeckten Kranz der Alpen.

Mahnmal und Museum

Südlich grenzen der Palazzo Reale (s. u.) und der **Palazzo dell'Arengario** 2 an den Domplatz, Letzterer ein monumentaler Bau des Faschismus aus den 1930er-Jahren. In das Ende 2010 hier neu eröffnete **Museo del 900** führt eine spiralförmig angelegte Rampe hinauf. Schön sind immer wieder die Blicke auf den Dom und die Piazza. Ausgestellt sind Werke von Beginn des 20 Jh. bis heute.

Das vom Erbauer der Scala, Piermarini, radikal klassizistisch umgestaltete Visconti-Schloss aus dem 14. Jh. heißt seit der Einigung Italiens **Palazzo Reale** 3. Im Bombenhagel von 1943 verbrannten und verfielen die neoklassischen Dekorationen. Man beließ die verkohlten und abgebrochenen Karyatiden im großen Saal. Heute bieten die Räume einen beeindruckenden Rahmen für große Ausstellungen. Der linke Flügel beherbergt das sehr sehenswerte **Museo del Duomo** (www.duomomilano.it), das im Mai 2012 anlässlich des Besuchs vom Papst nach langen

1 | Dom

Restaurierungsarbeiten wieder eröffnet werden soll. Dort kann man die Geschichte des Dombaus anhand von Modellen, Skizzen und Plänen nachvollziehen.

Quater pass in der Galleria

Vor der Kathedrale, auf der großen, von Arkaden gesäumten **Piazza del Duomo,** finden oft Kundgebungen statt. Belebt ist sie an anderen Tagen vom hastigen Kommen und Gehen der Mailänder und von staunenden Touristengruppen. Nur das **Reiterstandbild** zu Ehren von Vittorio Emanuele II steht wie angewurzelt vor dem Dom, um den herum es ganz weltlich zugeht.

Nördlich des Doms öffnet sich die **Galleria Vittorio Emanuele** 4. Ein Triumphbogen lädt in den ›Salon‹ Mailands ein: in die 1865 nach den Plänen Giuseppe Mengonis errichtete Einkaufsgalerie, die nach dem ersten König des geeinten Italiens benannt ist. Hier können Sie einen kleinen Spaziergang – *quater pass* (»vier Schritte«) – auch bei Regen machen und sich im **Zucca** (Di–So 7–20.40 Uhr) zu einem Bitter treffen. Diese wunderschöne Jugendstilbar mit Mosaiken ist eine wahrhaft ›ambrosianische‹ (mailändische) Institution! 1867 erfand hier Davide Campari das berühmte Getränk gleichen Namens.

Die mit Glas und Stahl überdachte Einkaufspassage, eine Verbindung zwischen Domplatz und Scala, galt im 19. Jh. als Symbol des Fortschritts. In ihren Cafés und Buchhandlungen trafen sich Literaten, Theaterleute und Musiker. Die Galleria war nicht nur der gesellschaftliche, sondern auch ein politischer Treffpunkt. Heute sind hier überwiegend teure Boutiquen, aber auch Cafés, Restaurants, Buchläden und ein Fast-Food-Lokal untergebracht. Das Bodenmosaik des Oktagons unter der zentralen Glaskuppel mit den Stadtwappen von Mailand, Rom, Florenz und Turin muss regelmäßig restauriert werden. Denn sowohl die Mailänder als auch Touristen aus aller Herren Länder folgen dem Brauch, nach dem eine Hackendrehung auf den männlichen Attributen des Turiner Stiers Glück bringt …

Etwas weiter, unter den Arkaden auf dem Weg zur Einkaufsstraße Vittorio Emanuele, wartet das älteste und eleganteste Kaufhaus der Stadt: **La Rinascente** 1. Auf sieben Etagen präsentieren sich vor allem Mode und Produktdesign und ganz oben Delikatessen. Außerdem gibt es hier diverse Bars und Restaurants, wo man auf der Terrasse oder unter einer Glaskuppel mit fabelhaftem Blick auf die Statuen und Türmchen des Doms trinken oder speisen kann.

Wo im Mittelalter das Herz der Stadt schlug

Nur einen Steinwurf vom Dom entfernt taucht man auf der **Piazza dei Mercanti** 5, einem kleinen, malerischen Platz, der einst Mittelpunkt der mächtigen mittelalterlichen Stadt Mailand war, in eine andere Welt ein (s. auch S. 73). Hier kann man vom Trubel auf der Piazza del Duomo ein wenig ausruhen.

Eine perfekte Illusion

Schräg gegenüber vom Dom beginnt die **Via Torino**, eine lange, lebendige Einkaufsstraße, in der vor allem ein junges Publikum das Neueste für seinen Look sucht. Ziemlich am Anfang der Via Torino steht etwas verborgen auf der linken Seite die sehenswerte kleine Kirche **Santa Maria Presso San Satiro** 6. Die im 9. Jh. zu Ehren des Bruders des hl. Ambrosius gegründete Kirche baute Bramante 1482 um und versah sie aus Platzmangel mit einem im Flachrelief ausgeführten Scheinchor. Diese perfek-

1 | Dom

te Illusion (nur 97 cm tief!) zeigt, dass Bramante auch ein Meister der Perspektive war. Links hinter dem Querschiff liegt die ursprüngliche Kapelle Ansperto mit einer ergreifenden »Pietà« von Agostino de Fonduti (1482). Hinter der Kirche ragt ein romanischer Glockenturm aus dem 9. Jh. auf.

Infos und Öffnungszeiten

Duomo Info Point: Via Arcivescovado 1 (hinter der Apsis vom Dom), Tel. 02 72 02 33 75, 9–17.30 Uhr
Dom: 7–19 Uhr, Baptisterium: 9.30–17.30 Uhr, 4 €
Achtung: Zum Dom erhält man nur sittlich bekleidet Zutritt, (bedeckte Schultern, keine Shorts, keine Miniröcke!). Polizisten wachen vor dem Eingang und kontrollieren alle größeren Taschen.
Domführungen: verschiedene ein- bis zweistündige Touren, Infos: Tel. 02 72 02 26 56
Dom-Dachterrasse: Mitte Nov.–Mitte Feb. 9–16.15, Mitte Feb.–Ende März sowie Ende Okt.–Mitte Nov. 9–17.10, Ende März–Ende Okt. 9–21 Uhr; Zutritt über die Treppe 6 €, mit dem Lift 10 €, ab 18 Uhr nur mit dem Lift erreichbar
Palazzo dell'Arengario/Museo del Novecento: Piazza Duomo, Mo 14.30–19.30, Di–Sa 9.30–19.30 Do und Sa bis 22.30 Uhr. Eintritt 5 €, Fr nachmittags gratis, www.museodelnovecento.org.
Palazzo Reale: Piazza Duomo 12, Tel. 02 88 46 52 30, Infos zu Ausstellungen: www.comune.milano.it, Öffnungszeiten Palast: Mo 14.30–19.30, Di, Mi, Fr, So 9.30–19.30, Do, Sa 9–22.30 Uhr
Museo del Duomo: im Palazzo Reale, Öffnungszeiten etc. siehe www.duomomilano.it (hier auch eine virtuelle Tour rund um den Dom)

Alles, was das Herz begehrt

Kaufhaus La Rinascente 1 : Piazza Duomo, www.rinascente.it, Mo–Sa 9.30–22, So 10–21 Uhr

Für den kleinen Hunger zwischendurch

Lange Schlangen vor der kleinen Bäckerei **Luini** 1 (Via Santa Radegonda 16, Di–Sa 10–20, Mo 10–15 Uhr, im Aug. geschl., Snacks ab 2,30 €) zeigen, wie begehrt ihre Produkte sind. Berühmt sind die warmen *panzerotti,* eine köstliche apulische Spezialität: mit Mozzarella und Tomaten gefüllte Teigtaschen. Hier kann man leider nicht sitzen. Gegenüber gibt es bei **Cioccolatitaliani** 2 (Via San Raffaele 4) köstliches Eis, s. S. 91.

2 | Der Tempel der Musik – zu Besuch in der Scala

Karte: ▶ F 4 | **Metro:** M1, M3 Duomo oder Montenapoleone, **Tram:** 1, 4

Die alljährliche Eröffnung der Scala am 7. Dezember ist ›das‹ Gesellschaftsereignis des Jahres. Wie zu einem feierlichen Staatsakt empfängt die berittene Polizei Würdenträger und ausländische Staatsoberhäupter. Doch auch wer nicht zur Premiere kommen kann, sollte der weltberühmten Opernbühne einen Besuch abstatten.

Für den ›echten‹ Mailänder ist die *lirica*, die Opernmusik, ein Lebenselixier. Daher verwundert es nicht, dass die **Scala** 1, die alliierte Bomben 1943 in Schutt und Asche gelegt hatten, sofort nach dem Ende des Zweiten Weltkriegs in Rekordzeit wieder aufgebaut wurde. Denn jeder Mailänder sah die Notwendigkeit, dass das Symbol der Stadt, der Musik und der Kultur Italiens als erstes Gebäude wieder aus den Trümmern auferstehen musste. Bei der Neueröffnung der Scala am 11. Mai 1946 dirigierte Arturo Toscanini, der während der Herrschaft der Faschisten nach Amerika emigriert war.

Bühnentechnik vom Feinsten

Nur zwei Jahre brauchte Hofarchitekt Guiseppe Piermarini, um das 1778 mit

2 | Scala

Antonio Salieris Werk »L'Europa riconosciuta« (dt. »Die wiedererkannte Europa«) eingeweihte Opernhaus im Auftrag der österreichischen Kaiserin Maria Theresia zu erbauen. Seinen Namen erhielt der Musiktempel von der an dieser Stelle abgerissenen Kirche Santa Maria delle Scala. Das äußerlich schlichte, innen prächtig ausgestattete klassizistische Gebäude hat nicht nur Musik- und Operngeschichte von Weltrang geschrieben. Es wurde auch zum Zentrum des Risorgimento, des nationalen Aufstands gegen die österreichische Fremdherrschaft. Der Schlachtruf »Viva Verdi« stand für »Viva Vittorio Emanuele, Re d'Italia« (»Es lebe Vittorio Emanuele, der König Italiens«).

In den Jahren 2001 bis 2004 sanierte der Schweizer Stararchitekt Mario Botta das Theater und versah es mit einer speziellen Drehbühne. Hinter der neoklassizistischen Fassade sieht man jetzt den 38 m hohen Bühnenturm und einen hohen, ellipsenförmigen Bau. Nun ist die Bühnentechnik vom Modernsten und die Akustik hervorragend.

Zur alljährlichen Saisoneröffnung am 7. Dezember, nun unter der Leitung von Daniel Barenboim, gehört auch der Auftritt der Reichen und Prominenten aus aller Welt. Die leidenschaftlichen Habitués des Loggione, die einen eigenen Verein gegründet haben, sichern sich durch stunden- oder auch tagelanges Schlangestehen einen der nur noch 140 Stehplätze im obersten Rang. Sie sind die wahren Kenner im Theaterolymp. Vor ihren Pfiffen und Buhrufen zittern auch die berühmtesten Sänger und Regisseure …

Wenigstens ins Museum!

Wer keiner Aufführung beiwohnen kann, sollte unbedingt das **Museo Teatrale alla Scala** besuchen. Das Museum erzählt von den glorreichsten Zeiten der Scala, als Verdi hier seine Uraufführungen erlebte, Maria Callas ihre Arien sang und Toscanini dirigierte. Alle bekannten Operngrößen sind hier aufgetreten. ›Reliquien‹ jeder Art – alte Bühnenbilder, Kostüme, unzählige Porträts berühmter Primadonnen, Sänger und Dirigenten nebst Büsten, Instrumenten, Drucken, Noten- und Librettomanuskripten – sind im Opernmuseum zu sehen. Besonders gefeiert werden Verdi und Puccini. Früher spaltete sich die Mailänder Bevölkerung in Verdi- und Puccinifans auf, so wie sie heute entweder für die Fußballmannschaft von Inter oder von Milan ist.

Im zweiten Stock ist meistens eine thematische Ausstellung zur Oper oder zum Ballett zu sehen. Zum Besuch des Museums gehört auch ein Blick ins Theater, das nach den jahrelangen Renovierungsarbeiten in neuem Glanz erstrahlt. Durchs Foyer geht es in eine der mit rotem Samt und Damast ausgekleideten Logen, die originalgetreu beibehalten wurden, ebenso wie auch der gewaltige Kronleuchter mit 365 Lämpchen. Mit viel Glück kann man bei einer Probe zuschauen – allerdings hinter Glas. Das Zuhören bleibt davon unbesehen und ist ein Vergnügen. Hat man allerdings Pech, darf man keine der Logen betreten.

Wo Manzoni spazieren ging

Mitten auf der Piazza della Scala feiert ein **Denkmal Leonardo da Vinci** [2], umgeben von seinen vier Lieblings-

> **Übrigens:** Die meisten Museen haben montags geschlossen. Zum Glück gibt es Ausnahmen – und ein **Monday Ticket** für das Scala-Museum, das Museo Poldi Pezzoli und eine Ausstellung nach Wahl im Palazzo Reale. Das Ticket kostet 9 €, ist nur am Montag, dafür aber sechs Monate gültig.

2 | Scala

schülern. Dargestellt sind auch die Disziplinen, denen sich Leonardo widmete: Malerei, Skulptur, Architektur und Hydraulik. Wie immer fanden die hyperkritischen Mailänder sehr schnell einen Spitznamen für die Gruppe: »On liter in quatter« (»Einen Liter für vier«), weil der Meister schmal und hoch wie eine Flasche zwischen seinen Schülern steht.

Der Scala gegenüber liegt das Rathaus, der **Palazzo Marino** 3. Dieses Beispiel manieristischer Zivilarchitektur mit vier Fassaden wurde in der Hochrenaissance von Galeazzo Alessi im Auftrag des reichen Genueser Bankiers Tomaso Marino erbaut. Seit 1859 tagt hier die Mailänder Stadtverwaltung.

Hinter dem Palazzo Marino steht die Lieblingskirche der feinen Gesellschaft, **San Fedele** 4, ein Pendant zur Pariser Madeleine-Kirche. Jesuiten beauftragten 1569 den Architekten Pellegrino Tebaldi mit dem Bau des Gotteshauses, das zu einem der Symbole der Gegenreformation wurde. Das Denkmal auf dem Platz vor der Kirche feiert den berühmten Romanschriftsteller Alessandro Manzoni (1785–1873). Sein Wohn- und Sterbehaus, das heutige **Museo Manzoniano** 5, mit schönen Terrakottadekorationen an der Fassade steht nur wenige Schritte von hier entfernt. Dokumente, Erinnerungsstücke, Bilder und Manuskripte feiern dort den großen Schriftsteller. Sein Hauptwerk, das dramatische Geschichtsgemälde »I promessi sposi« (»Die Verlobten«) über die Pest und die spanische Fremdherrschaft in der Lombardei, ist Pflichtlektüre für alle Gymnasiasten. Auch das Restaurant Don Lisander (wie die Mailänder Alessandro Manzoni nannten) in der Via Manzoni 12 erinnert an Italiens ersten Romancier.

Auf dem Weg zu Manzonis Haus passiert man einen hochoriginellen Palast, die **Casa degli Omenoni** 6 in der gleichnamigen Straße. Man kann ihn leider nur von außen besichtigen. Seinen Namen – »Omenoni« steht im

In der Mailänder Scala treten die bedeutendsten Sänger der Welt auf, so Spaniens Meistertenor Plácido Domingo in der Verdi-Oper »Simon Boccanegra«

2 | Scala

Mailänder Dialekt für »große Männer« – verdankt er acht steinernen Atlanten, die das erste Stockwerk tragen. Der Hausherr Leone Leoni (1509–1590), ein erfolgreicher, extravaganter Bildhauer und Medailleur, hat sich selbst im Gesims über der zentralen Tür verewigt. Die beiden Löwen neben ihm fallen über einen Satyr, Symbol der niederen Natur und des Lasters, her.

Infos und Öffnungszeiten

Teatro alla Scala: Tel. 02 72 00 37 44, tgl. 9–18, Kasse tgl. 12–18, elektronisches Info-Terminal 0–24 Uhr, im Aug. geschl.

Kartenreservierungen: Tel. 02 86 07 75 (Taste 3 für Deutsch wählen), Ticketverkauf online: www.teatroallascala.org, Telefon- und Onlinereservierungen zwei Monate im Voraus, last minute an der Abendkasse eine Stunde vor der Aufführung. Es gibt täglich auch 140 günstige Karten, für die eine Warteliste erstellt wird. Es ist jedoch fast immer hoffnungslos, hier eine Karte zu bekommen. Dies sind die offiziellen Wege. Am besten versucht man, Karten über eine Agentur zu bekommen.

Museo Teatrale alla Scala: Tel. 028 87 97 47 30, www.teatroallascala.org, tgl. 9–12.30, 13.30–17.30 Uhr (Kartenverkauf bis 30 Min. vor Schließung), 5 €

Palazzo Marino: Piazza della Scala 5, Tel. 02 88 45 66 17, Fax 02 88 45 60 05; Gruppen von mindestens fünf Personen können den Palast montags bis donnerstags besichtigen, müssen sich aber telefonisch und via Fax voranmelden.

San Fedele: Piazza San Fedele 4, Tel. 02 86 35 22 31, www.sanfedele.milano.it, tgl. 7.30–14.30, 16–19 Uhr

Museo Manzoniano: Via Morone 1, Tel. 02 86 46 04 03, www.casadelmanzoni.mi.it, Di–Fr 9–12, 14–16 Uhr, Eintritt frei

Speisen bei den Spitzenkochs

Vor oder nach einem Besuch in der Scala kann man auch stilecht im selben Gebäude speisen: im eleganten **Il Marchesino** [1] (Via Filodrammatici 2, Tel. 02 72 09 43 34, www.ilmarchesino.it, Mo–Sa 8–1 Uhr, Küche schließt um 22.30 Uhr), reservieren obligatorisch. Der Spitzenkoch Gualtiero Marchesi bietet morgens ein großes Frühstück, nachmittags Tee und Kuchen, mittags und abends modern interpretierte traditionelle »wohltemperierte« Gerichte im feinen Restaurant. Man kann den Köchen hinter einem großen Tresen in die Töpfe schauen. Einen *primo* gibt es ab 24 €, einen *secondo* ab 30 €. Auch im Café kann man eine Auswahl an Gerichten bestellen. Mittagsteller zwischen 16 und 20 €. Vor den Vorstellungen in der Scala und während der Pausen gibt es ein kleines Schüsselchen mit dem berühmten *risotto alla milanese* für 8 €.

Das **Café Trussardi** [2] (Piazza della Scala 5, Tel. 02 80 68 82 95, www.trussardiallascala.com, Mo–Fr 7.30–23, Sa 12–23 Uhr, kleine Gerichte ab 16 €) hat eine verglaste Außenterrasse mit hängendem Garten und Blick auf das Theater Filodramatici.

Starkoch zwischen Couture und Cuisine

Im ersten Stock, über dem Café Trussardi, wird im **Ristorante Trussardi alla Scala** Haute Cuisine serviert. Chefkoch Andrea Berton hat schon zwei Michelinsterne (Tel. 02 80 68 82 01, Mo–Fr 12.30–14.30, Mo–Sa 20–22.30 Uhr, Degustationsmenu 130/150 €).

3 | Eleganz triumphiert – Window Shopping im ›Goldenen Karree‹

Karte: ▶ G 4 | **Metro:** M1 San Babila, M3 Monte Napoleone

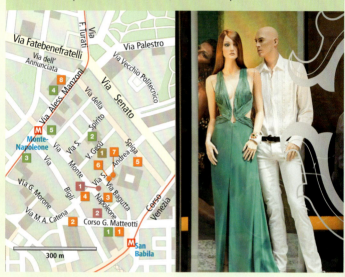

Das ›Goldene Karree‹ gehört zu den Topadressen der italienischen Modeschöpfer. Hier wird von A bis Z, sprich von Armani bis Zegna, Mode zelebriert und in den Schaufenstern wie Kunstwerke ausgestellt.

Vor allem im März und im Oktober erfährt man, welche Rolle die Mode in Mailand spielt. Denn dann locken die internationalen Messen Modeschöpfer und Models, Fotografen und Journalisten sowie Schaulustige von überall her an. Im ›Goldenen Karree‹ zwischen der Via Monte Napoleone und der Via della Spiga sowie deren Nebenstraßen ist zu dieser Zeit Hochkonjunktur. In der Via della Spiga rollt man gar rote Teppiche für die Modezaren aus. Die Auslagen in den Fenstern gleichen Kunstwerken, die Verkaufsräume aufwendig geschmückten Galasälen. In riesigen Lofts und in den feineren Hotels jagt eine Modenschau die andere. Denn: Mode wird in Mailand zelebriert!

Das Karree verändert sich

Die Nostalgiker unter den Mailändern leiden, sie fürchten, die Ecke verliere an Leben. Richtig ist: Mailand wandelt sich hier unaufhaltsam und scheint nicht zurückzublicken. Selbst eine so ehrwürdige Einrichtung wie das Caffè Cova (s. S. 37) riskiert, in eine Boutique verwandelt zu werden. Zu Beginn jeder neuen Sai-

# 3 | ›Goldenes Karree‹

son wird hier »Bäumchen wechsle dich« gespielt: Die Modegeschäfte ziehen um, man findet sie nun zwei Häuser oder eine Straße weiter. Doch wer es sich leisten kann, bleibt im ›Goldenen Karree‹.

Einen typischen Modebummel durch Mailand könnte man beispielsweise an der **Piazza San Babila** 1 starten. Dieser ästhetisch umstrittene Platz, ein Schauplatz politischer Auseinandersetzungen in den 1970er-Jahren, entstand in den 20er- und 30er-Jahren des vorigen Jahrhunderts. Ein sagenumwobener Markuslöwe auf einer hohen Säule vor der kleinen Kirche San Babila blickt in Richtung Venedig, dessen Herrschaft nie bis Mailand reichte.

Willkommen im Mekka der Shopping Victims

Von der Piazza San Babila kann man sich direkt in den Rummel des *quadrilatero d'oro* stürzen – allerdings unter der Prämisse, dass man im ›Goldenen Karree‹ in der Regel sehr tief in den Geldbeutel greifen muss. Doch selbst eine Window-Shopping-Tour hat ihren Reiz: Konzentriert auf kleinstem Raum gibt es hier die neuesten Kollektionen der weltweit bedeutendsten Luxuslabel in einmaligem Ambiente zu sehen. Den Auftakt bieten am **Corso Matteotti** 2, einer Straße aus den 1930er-Jahren, Läden wie Alessi, **Moroni Gomma** 1, ein verrückter Laden für Designartikel, Objekte, Möbel – nicht nur aus Gummi. Große Begeisterung bei der Jugend fand der hier jüngst eröffnete Casual-Luxury-Flagship-Store **Abercrombie & Fitch**.

Ab ins Reich der Mode

Weiter geht's in die **Via Monte Napoleone** 3, die älteste und traditionsreichste Straße der *alta moda:* Hier begann die Vermarktung alles Schönen und Teuren. Auf den ersten Blick sieht die Straße, in der einst viele bedeutende Mailänder wohnten, mit ihren neoklassizistischen Häusern nicht ungewöhnlich aus. Es gibt keine Allee, keine Cafés mit Außengastronomie – rein gar nichts, was darauf hinweist, dass hier die schicksten und teuersten Läden der Stadt warten: Ferragamo mit Schuhkreationen, in denen sich seit den 1960er-Jahren die Schauspieler und Schönheiten der Welt bewegen, Gucci mit ausgefallenen Lederwaren, Etro, bekannt für seine Düfte und Kaschmirstoffe, Louis Vuitton, dessen Koffer und Taschen zu den berühmtesten der Welt gehören, La Perla mit feinster Unterwäsche und Badeanzügen, der Herrenmodeladen Ermenegildo Zegna mit Anzügen und Hemden aus den edelsten Stoffen, Aspesi mit eleganten und sportlichen Kreationen für Sie und Ihn, Prada, Marella Burani – man kann sie gar nicht alle aufzählen. Oftmals verbergen die schlichten Fassaden wunderschöne Innenhöfe, Treppen und Brunnen, die im Gegensatz zur schnell vergänglichen Mode die Zeit überdauern. Es lohnt sich, den Blick immer wieder von den Schaufenstern loszureißen!

Bevor man in die **Via Verri** 4 einbiegt, kann man im feinen **Caffè Cova** 1 eine Pause zur Stärkung einlegen. Für die feinen Mailänder Damen gehört ein Tee im historischen Cova zur Etikette. Köstliche (aber auch recht teure) Kuchen und Gebäck gibt es hier.

Teure Laufstege

Die Fußgängerstraße **Via della Spiga** 5, wo einst die Bäcker residierten, steht der »Montenapo«, wie die Via Monte Napoleone von den Mailändern genannt wird, in nichts nach: Beim sizilianischen Designerduo Dolce & Gabbana findet man aufwendige, extravagante Mode. Des Weiteren sind hier Malo mit schönen Kaschmirentwürfen,

3 | ›Goldenes Karree‹

Roberto Cavalli mit wilden Mustern, Sergio Rossi, Carshoe und Tod's mit Schuhen, Prada mit Mode und Schuhen, Blumarine und Roccobarocco sowie Gio Moretti mit einem guten Concept Store und die Boutique Marisa mit einer schönen Auswahl an Exklusivmarken vertreten. Und die Liste ließe sich beliebig fortsetzen …

In der **Via Sant'Andrea** 6 befindet sich zwischen so berühmten Häusern wie Missoni, Chanel, Fendi, Ferrè, Moschino, Trussardi und der riesigen, neu eingeweihten Armani Casa der jüngst renovierte **Palazzo Morando: Costume, Moda e Immagine** 7 (ehemaliges Museo di Milano) mit Bildern zur Geschichte Mailands und interessanten Ausstellungen zu Sitten und Mode der Stadt Mailand (s. S. 77).

Man werfe auch einen Blick auf die Kollektion von **Antonio Marras** 2 in der Via Santo Spirito. Marras ist ein Künstler, der die Grenze zwischen Poesie und Kitsch immer stilsicher im Auge behält … und sie nie überschreitet.

In der **Via Manzoni** 8, im 19. Jh. die luxuriöseste Straße Mailands, finden Sie **Gallo** 3 mit Strümpfen für jeden, Valextra mit Lederwaren höchster Qualität, Design bei da Driade und Sawaya & Moroni. Und nicht zu vergessen: Hier steht der riesige, mittlerweile siebenstöckige **Palazzo von Armani** 4. In diesem kühlen, stilvollen Multi Concept Store gibt es auch ein Café, das elegante, viel besuchte japanische Restaurant Nobu, die Disco Armani Privé, eine Buchhandlung und seit November 2011 das luxuriöse **Hotel Armani**.

Schöne bunte Shoppingwelt
Moroni Gomma: Corso Matteotti 14, ww.moronigomma.it
Antonio Marras: Via Santo Spirito 14
Gallo Boutique: Via Manzoni 16
Palazzo von Armani: Via Manzoni 31, www.armani-viamanzoni31.it

Mode zum halben Preis
Selbst in der edlen ›Montenapo‹, wie die Mailänder die Via Monte Napoleone nennen, gibt es ein Outlet. Bei **DMagazine Outlet** 5 (Via Monte Napoleone 26, www.dmagazine.it, tgl. 10–19.30 Uhr) findet man Mode der vergangenen Saison zum halben Preis. Das Outlet wird in die Via Manzoni 44 umziehen.

Luxuriös wohnen
Jeden Komfort bietet das **Four Seasons Hotel** 1, ein ehemaliges Kloster aus dem 15. Jh. An kalten Tagen flackert im freskendekorierten Foyer ein Kaminfeuer. Die zwei Restaurants, ›La Veranda‹ und ›Il Teatro‹, warten mit erlesenen Gerichten auf (Via Gesù 6/8, Tel. 027 70 88, www.fourseasons.com/milan, DZ ab 775 €).

Vom **Hotel Armani** 4 blickt man auf die Dächer Mailands (Via Manzoni 31, Tel. 02 88 83 88 88, http://milan.armanihotels.com, DZ ab 550 €).

Süße Köstlichkeiten
Caffè Cova 1: Via Monte Napoleone 8, www.pasticceriacova.com, Mo–Sa 7.45–20 Uhr:
Sollte man im Shoppinggetriebe doch einmal eine kurze Pause und eine Stärkung brauchen, empfiehlt sich das elegante **Sant'Ambroeus** 2 (Corso Matteotti 7, Tel. 02 76 00 05 40, www.santambroeusmilano.it, tgl. 7.45–20.30 Uhr, Restaurant Di–So 12–15 Uhr, Juni, Juli So geschl., im Aug. ganz geschl., Hauptgerichte ab 21 €). Sehr gut sind hier die Kuchen und Pralinen, berühmt seine *panettoni*. Für den Hunger zwischendurch gibt es leckere *panini* und *tramezzini* ab 4,50 €.

4 | Kunst im Palast – Musei Poldi Pezzoli und Bagatti Valsecchi

Karte: ▶ F/G 4 | **Metro:** M3 Montenapoleone

Nur wenige Schritte von der Scala und den Laufstegen der Modemacher entfernt, kann man in zwei prächtigen Palästen des 19. Jh. im Kunstgenuss schwelgen.

Mittlerweile gibt es im Mailänder Zentrum vier Museumshäuser: die Musei Poldi Pezzoli und Bagatti Valsecchi, die Villa Necchi (s. S. 66) und die Casa Museo Boschi di Stefano (s. S. 68). Zu verdanken ist dies Mailänder Familien, die ihre Wohnhäuser in extravagante Horte der Kunst verwandelt haben, zwei im 19., zwei im 20. Jh. Die Museen bieten selten schöne Schätze in privater Atmosphäre und legen zugleich beredtes Zeugnis vom Zeitgeist und Geschmack ihrer Besitzer ab.

Cranach, Botticelli und Bellini

Das älteste Kunsthaus ist das **Museo Poldi Pezzoli** 1. Der kunstbesessene Sammler Gian Giacomo Poldi Pezzoli, Junggeselle und Mäzen, bestimmte 1871, acht Jahre vor seinem Tod, dass sein Palast samt erlesener Sammlung unverändert dem Publikum geöffnet bleiben sollte. Trotz der Bombenschäden von 1943 konnte das Haus seinen Charakter bewahren. Die Kollektion ist durch Schenkungen ständig erweitert und nach heutigen Kriterien geordnet worden. Man durchstreift verschiedene Perioden der Kunstgeschichte vom 14. bis 19. Jh. Auf erlesene Fresken, Gemälde und Skulpturen großer Meister folgen kostbare Möbel, Teppiche, eine faszinierende Uhrensammlung, Porzellan, Glas, Schmuck und Waffen.

Sie werden Cranachs berühmtes Porträt von Luther und seiner Frau sicher schon von Weitem wiedererkennen, zwischen Piero della Francesca, Mantegna, Botticelli, Bellini – nur, um einige zu nennen – schwelgen und entzückt sein vom Damenporträt des Piero del Pollaiuolo, »Bildnis einer jungen Frau im Profil«, einem Sinnbild der Mailänder Eleganz.

4 | Poldi Pezzoli und Bagatti Valsecchi

Harmonisches Gesamtwerk

Der zweite Palast, das heutige **Museo Bagatti Valsecchi** [2], gehörte den kunstliebenden Brüdern Giuseppe und Fausto Bagatti Valsecchi. Er ist heute eine Stiftung und seit 1994 dem Publikum zugänglich. Die Brüder planten kein Museum, sondern die Rekonstruktion eines herrschaftlichen Domizils des 16. Jh., die Kopie eines Renaissancepalastes, ausgestattet mit dem Komfort des 19. Jh. So besaß die Badewanne Warm- und Kaltwasser, doch war dieser Luxus gänzlich hinter Renaissancedekorationen versteckt. Sie ließen den Familiensitz, der über einen Eingang an der Via del Gesù und einen an der Via Santo Spirito verfügt, umbauen und vergrößern. Dort sammelten sie alles, was sie zusammentragen konnten: Möbel, Teppiche, Gemälde, Keramiken und Waffen. Fanden sie nicht, was sie suchten, ließen sie es kurzerhand anfertigen, um ein harmonisches Gesamtwerk zu erschaffen.

Öffnungszeiten

Museo Poldi Pezzoli: Via Manzoni 12, Tel. 02 79 63 34, www.museopoldipezzoli.it, Mi–Mo 10–18 Uhr, 8 €
Museo Bagatti Valsecchi: Via Santo Spirito 10, Via Gesù 5, Tel. 02 76 00 61 32, www.museobagattivalsecchi.org, Di–So 13–17.45 Uhr, 8 €, Mi 4 €
Die **Sammelkarte** (die 6 Monate gültige Casa Museo Card für Poldi Pezzoli, Bagatti Valsecchi und Villa Necchi (s. S. 66) kostet 15 € (www.casemuseomilano.it).

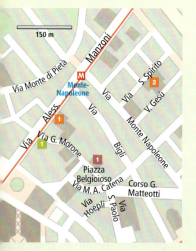

›Der‹ Barbier von Milano

Ein wahrer Genuss ist es, sich wie einst Urgroßvater rasieren zu lassen. Mit Pinsel, weißem, luftigem Schaum, warmen Tüchern … In der **Antica Barbieria Colla** [1] (Via Morone 3, Tel. 02 87 43 12, www.anticabarbieriacolla.it, Di–Sa 8.30–12.30, 14.30–9.30 Uhr) kamen u. a. schon Luigi Pirandello, Giacomo Puccini und Luchino Visconti unters Messer. Die Wände zieren die Fotos berühmter Persönlichkeiten des 20. Jh., die dem Hausherrn, Signor Bompieri, der übrigens nebenher auch schon sechs Romane veröffentlicht hat, einen Besuch abstatteten.

Stilvoll essen

Schon seit 1939 ist das Restaurant **Bœucc** [1] (Piazza Belgioioso 2, Tel. 02 76 02 02 24, www.boeucc.it, tgl. 12.40–14.30, 19.40–22.30 Uhr, Sa, So mittags geschl., durchschnittliches Menü ca. 65–70 €), das auf eine mehr als 300-jährige Geschichte zurückblicken kann, im ehemaligen Pferdestall des Palazzo Belgioioso am gleichnamigen wunderschönen Platz zu finden. In den eleganten Räumlichkeiten wird traditionelle italienische Küche und eine gute Auswahl an Fischgerichten geboten.

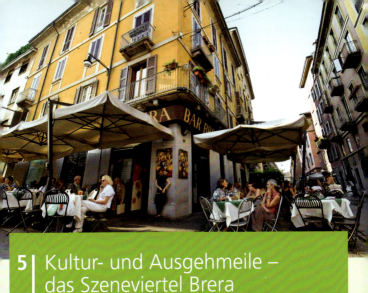

5 | Kultur- und Ausgehmeile – das Szeneviertel Brera

Karte: ▶ F 3/4 | **Metro:** M2 Lanza, M3 Monte Napoleone, **Bus:** 61

Rund um die Pinacoteca di Brera, die Nationalgalerie mit ihren Schätzen, entstand eines der lebendigsten Szeneviertel der Stadt. Wo sich früher Künstler, Schriftsteller und Bohemiens in den kleinen, engen Gassen trafen, locken heute Geschäfte, Galerien, etliche Lokale und Restaurants Gäste an. Abends beleben sich die Sträßchen mit fliegenden Händlern, Kartenlegern und Wahrsagern.

Die **Via Brera** trägt die nüchtern-aristokratische Eleganz zur Schau, die für das Mailand des 18. und 19. Jh. typisch war. In den umliegenden engen Gassen wohnten damals Handwerker. Der **Palazzo di Brera** 1, ein ehemaliges Jesuitenkloster, wurde unter Maria Theresia von Piermarini, dem Architekten der Scala, in Pinakothek und Kunstakademie verwandelt. In seinen Mauern haben berühmte Maler und Bildhauer gelehrt. Zurzeit wird rege darüber diskutiert, ob die Akademie umziehen soll. Dadurch würde das Viertel viel von seiner Lebendigkeit und Farbigkeit einbüßen.

Steiler Aufstieg

Noch bis in die 1970er-Jahre fand man sich in den engen Gassen des Brera-Viertels im Bohème-Milieu wieder. Doch dann gestalteten Architekten und Designer die Häuser in luxuriöse Domizile und die Werkstätten in Boutiquen um. Die Immobilienpreise stiegen rasant an, Künstler, Galerien und Handwerker mussten weichen. Aus den ehemals düsteren Sträßchen wurden kopfsteingepflasterte Laufstege mit noblen Boutiquen. Restaurants und Lokale jeglicher Couleur haben sich hier angesiedelt und ziehen zahlreiche Touristen an. Kaum scheint die Sonne, werden Tische und Stühle auf die verkehrsberuhigten

5 | Brera-Viertel

> **Übrigens:** Mit etwas Glück können Sie den Restauratoren in der Pinacoteca vormittags in Saal 18 bei ihrer Arbeit zusehen.

Straßen gestellt. Am Abend bauen Hand- und Kartenleser kleine Tischchen auf und versprechen einen Blick in die Zukunft. Das Brera-Viertel versprüht einen ganz eigenen Charme, sein Straßenleben erinnert mehr an Rom denn an Mailand.

Italienische Malerei mit dem Schwerpunkt Lombardei

Das Nationalmuseum **Pinacoteca di Brera** besitzt eine der größten Sammlungen ›Alter Meister‹, die nach der Eröffnung 1809 über 200 Jahre lang, auch dank privater Stiftungen, ständig weiter wuchs. Den Grundstock für die exquisite Sammlung bildeten Altarbilder, die Napoleon aus säkularisierten Kirchen und Klöstern nach Mailand bringen ließ. Den Staatsmann feiert im Innenhof Canovas Bronzestatue »Napoleon als friedensstiftender Mars« (1803–1806).

Die Pinakothek bietet einen ausgezeichneten Überblick über die italienische Kunstgeschichte vom 13. bis zum 19. Jh. mit einem Schwerpunkt auf der lombardischen Schule. Auch wer nicht die Zeit oder Muße hat, alle Bilder zu betrachten, sollte zumindest ein paar ›Highlights‹ den Besuch nicht verwehren. Hier seien nur einige wenige erwähnt, so in Saal 6 »Der tote Christus« von Andrea Mantegna (um 1500). Das Gemälde verdankt seine erschütternde Ausdruckskraft der Dramatik, die ihm die stark verkürzte Perspektive verleiht. Denn die Füße des aschgrauen Körpers des Gekreuzigten scheinen im Dämmerlicht aus dem Gemälde hinauszuragen. Zu den berühmtesten Gemälden der Renaissance zählen auch Caravaggios bewegendes »Gastmahl zu Emmaus«, Piero della Francescas »Madonna mit Kind und Heiligen und dem Stifter Federico da Montefeltro« und Raffaels »Die Vermählung der Jungfrau Maria«. Wunderbar sind auch die Gemälde Bellinis (darunter Die Predigt des hl. Markus in Alexandria), auf der eine wunderliche Giraffe vor der Kirche spaziert. Sehr geschickt gehängt ist jetzt »La Fiumana« von Pelizza da Volpedo (1895/1896), ein Entwurf zu dem berühmten »Quarto Stato«, der im neuen **Museum del 900** (s. S. 29) hängt. Gehen wir auf die streikenden Massen zu oder sie auf uns?

Der 5000 m² große **Orto Botanico** [2] hinter der Pinacoteca wurde 1774 unter Maria Theresia angelegt. Er geriet früh in Vergessenheit und wurde erst Ende der 1990er-Jahre wiedereröffnet. Seine hohen Bäume, u. a. zwei über 200 Jahre alte Ginkgos, die zu den ältesten in Europa gehören, verleihen ihm eher einen parkähnlichen Charakter.

Auch das **Osservatorio Astronomico** [3], die schon zur Zeit des Jesuitenstifts gegründete Sternwarte, mit einer interessanten Sammlung topografischer Instrumente lohnt einen Besuch (in der oberen Etage des Palastes).

Öffnungszeiten

Palazzo/Pinacoteca di Brera: Via Brera 28, Tel. 02 72 26 31, www.brera.beniculturali.it, Di–So 8.30–19.15 Uhr, Kasse schließt jeweils 45 Min. vor Ende der Besuchszeit, 9 €, bei Ausstellungen 11 €, Audioguide (auch auf Deutsch) 5 €

Orto Botanico: Zugang über Via Brera 28, Mo–Fr 9–12, 14.30–17 Uhr, Eintritt frei

5 | Brera-Viertel

Museo/Osservatorio Astronomico: Via Brera 28, Mo–Fr 9–16.30 Uhr, Eintritt frei, Tel 02 50 31 46 80, www.brera.unimi.it/museo/index.html

Ein Hort der Stille

Im Brera-Viertel findet sich noch ein weiteres Kleinod, die auf frühchristlichen Resten aus dem 4. Jh. erbaute romanische **Basilica di San Simpliciano** 4 . Sie besitzt eine »Krönung der Jungfrau Maria« von dem viel zu wenig beachteten großen lombardischen Maler Bergognone (um 1515). Doch das Schönste an dieser Anlage sind die beiden Kreuzgänge aus dem 15./16. Jh. Sie gehören zum ehemaligen Kloster, das heute Sitz der internationalen theologischen Fakultät ist.

Auf ein Glas und ein Stück Pizza

Vor allem in der **Via Fiori Chiari** gibt es viele Restaurants und Lokale. – Berühmt ist die **Bar Jamaica** 1 (Via Brera 32, Mo–Sa 9–2 Uhr), die in den 1920er-Jahren Treffpunkt für Künstler und Intellektuelle war. Leider hat sie viel von ihrem Charme verloren, auch wenn die Einrichtung, die alten Kacheln und die Veranda überlebt haben. Im Restaurant **La Ranarita** 1 gleich um die Ecke (Via Fatebenefratelli 2, Tel. 028 05 58 72, www.laranarita.com, Sa mittags geschl., Pizza und Bier ca. 20 €) gibt es leckere Pizza. Schräg gegenüber kann man im **N'Ombra de Vin** 2 (Via San Marco 2, www.nombradevin.it, Mo–Sa 9–24 Uhr), einer historischen Enothek im ehemaligen Refektorium eines Augustinerklosters, zu gutem Wein gute Musik hören. Junge Bänker und Models nippen hier oft und gern an ihren Gläsern.

Schöner Antiquitätenmarkt

Jeden dritten Sonntag im Monat (außer Aug.) findet in den Straßen zwischen Via Fiori Chiari, Via Formentini und Via Madonnina der **Mercatino d'antiquariato di Brera** statt.

6 | Kunst in alten Gemäuern – das Castello Sforzesco

Karte: ▶ E 4 | **Metro:** M1 Cairoli, Cordusio

Auch das Castello Sforzesco mit diversen Sammlungen und Museen ist ein Wahrzeichen der Stadt. Hier wirkten unter Lodovico il Moro, dem Herzog von Mailand aus der Familie Sforza, so großartige Künstler wie Leonardo da Vinci und Bramante. Und hier steht Michelangelos letztes Werk, die unvollendete »Pietà Rondanini«.

Das nach der Familie Sforza benannte **Castello Sforzesco** 1 ist eine grandiose, zinnenbekrönte, mit gigantischen Rundtürmen bewerte und von einem Wassergraben umschlossene Festungsanlage. Es wurde im 14. Jh. als Burg der Visconti erbaut, dann zerstört, wiedererrichtet, erweitert und am Anfang des 20. Jh. renoviert. Ganz so echt und so alt, wie die mächtige Festung und Residenz aus rotem Backstein ausschaut, ist sie also nicht. Ihre Blütezeit erlebte sie unter dem Prunk liebenden Herzog Ludovico il Moro, der im Jahr 1482 Leonardo da Vinci an seinen Hof berief und ihn zunächst hauptsächlich mit der Ausrichtung von prachtvollen und üppigen Festen beauftragte.

Dekoration aus Leonardos Hand

Während diverser Fremdherrschaften wurde das Schloss als Kaserne und Truppenübungsplatz benutzt. Erst 1893 ging es in Stadtbesitz über. Bei der Restaurierung des fast völlig zerstörten Castello kam die Ausmalung der **Sala delle Asse** im Erdgeschoss des nördlichen Eckturms wieder zum Vorschein. Es handelt sich um die einzige in Mailand dokumentierte Dekoration aus der Hand Leonardos. Eine Urkunde von 1498 besagt: »Meister Leonardo hat versprochen, sie [die Dekoration] bis Ende September fertigzustellen.« Dargestellt sind 16 Bäume, die sich wie eine Pergola zu einem Laubdach verzweigen, dessen Mitte von einem Wappen geschmückt wird. In das dichte Blattwerk ist ein Seil in der Form ornamentaler Knoten verwoben, ein Motiv, das Leonardo auch zeichnerisch immer wieder beschäftigt hat.

Die Sammlungen

Seit Beginn des 20. Jh. ist das Castello eine Museen-Zitadelle. Durch das Haupttor, die **Torre del Filarete**, betritt man den weiten Waffenplatz. Dahinter liegen die Höfe Cortile della Rocchetta und Corte Ducale, die als Zufluchtsort befestigte herrschaftliche Residenz zur Zeit der Sforza. Hier, im ehemaligen Wohntrakt, sind die **Biblioteca Trivulziana** mit kostbaren Manuskripten, Inkunabeln und einer Handschrift von Leonardo da Vinci sowie zahlreiche kostbare Kunstsammlungen untergebracht: Gemälde vom 14. bis zum 17. Jh., darunter ein großer, der lombardischen Renaissance gewidmeter Saal, eine reiche Musikinstrumentensammlung, Möbel vom 15. bis zum 20. Jh., Waffen, Drucke, Keramik. Damit nicht genug: Es gibt auch griechische, römische, langobardische und karolingische Münzen und Medaillen sowie eine prähistorische und eine ägyptische Abteilung. Die Sammlung von romanischen, gotischen und Renaissanceskulpturen enthält den größten Schatz des Castello Sforzesco: das letzte Werk von Michelangelo, die **Pietà Rondanini**. Der fast 90-jährige Künstler arbeitete im Jahr 1564 bis vier Tage vor seinem Tod an dieser Plastik – er hinterließ sie unvollendet.

›Museum der Museen‹

Nun wird das Castello wieder umgebaut und renoviert. Es soll funktioneller und freundlicher und mit seinen vielen interessanten Sammlungen das ›Museum der Museen‹ werden. Die Architekten Michele De Lucchi und David Chipperfield werden eine Neuanordnung der Museen vornehmen und einen neuen Holzturm errichten, der zu den Zinnen führt, die einen Blick über die Stadt bis hin zu den Alpen gewähren, wenn es das Wetter gestattet.

Spaziergang in Richtung Dom

Von der Piazza Castello führt die von Läden und Cafés gesäumte Fußgängerzone Via Dante Richtung Dom. In der Via Rovello/Ecke Via Dante liegt der schön renovierte **Palazzo Carmagnola** 2 mit einem von Glaswänden um-

›Die Unvollendete‹ – diesen Titel könnte Michelangelos »Pietà Rondanini« tragen

6 | Castello Sforzesco

> **Übrigens:** Für die Museen des Castello, das Museo di Storia Naturale, das Museo del Risorgimento und das Museo Archeologico gibt es eine **Sammelkarte** (drei Tage gültig, 7 €). Infos: www.milanocastello.it

gebenen Innenhof. Unter den Arkaden dieses Innenhofs befindet sich das **Caffè Letterario** auf der einen Seite und eine gut sortierte Theaterbuchhandlung (Abook Piccolo) mit einer Auswahl an Kinderbüchern und internationalen Titeln auf der anderen.

Der Palazzo ist Sitz des im Jahr 2009 wiedereröffneten **Piccolo Teatro**. Das 1947 von Giorgio Strehler und Paolo Grassi als erstes Stadttheater Italiens gegründete Piccolo wurde dank Strehlers Regie nicht nur das wichtigste Theater Italiens, sondern darüber hinaus in der gesamten Theaterwelt berühmt. Seit Strehlers Tod 1997 ist Luca Ronconi der künstlerische Direktor.

Heute hat das Piccolo Teatro drei Spielstätten: Das Urtheater im Palazzo Carmagnola heißt jetzt **Teatro Grassi**. Auf der östlichen Seite vom Castello, nicht weit von hier, sind die anderen beiden Sitze: das große, 1998 mit »Così fan tutte«, Strehlers letzter, unvollendet gebliebener Regiearbeit, eröffnete **Teatro Strehler** 3 sowie das ehemalige Operettenhaus **Teatro Studio** (s. S. 111).

Infos und Öffnungszeiten
Castello Sforzesco: Piazza Castello 3, Tel. 02 88 46 37 00, www.milanocastello.it, tgl. 7–18, im Sommer bis 19 Uhr
Museen im Castello: Tel. 02 88 46 37 03, www.milanocastello.it, Di–So 9–17.30 Uhr (letzter Einlass 17 Uhr), 25. Dez., 1. Jan., 1. Mai und Ostermontag geschl., 3 €, freitags ab 14 Uhr und Sa, So, Di–Do die letzte Stunde Eintritt frei, 3 Tage gültiges Sammelticket für Castello, Museo Archeologico, Museo di Storia Naturale und Museo del Risorgimento 7 €; www.adartem.it und www.operadartemilano.it bieten Sa u. So Sonderführungen (nur mit Vorbestellung)
Piccolo Teatro di Milano: Via Rovello 2, Tel. 848 80 03 04, aus dem Ausland Tel. 0039 02 42 41 18 89, www.piccoloteatro.org

Eine Pause zwischendurch
Dem Trubel der Via Dante entfliehen kann man im **Caffè Letterario** im Kreuzgang des Teatro Grassi (Via Rovello 2, Tel. 02 72 33 35 05, www.sotisevents.com, tgl. 10–22 Uhr). Bei schönem Wetter sitzt man im Innenhof, sonst unter den verglasten Arkaden. Mittags Gerichte zw. 10 und 14 €, ab 18 Uhr Happy Hour mit einem üppigen Buffett für 12 €; und sonntags gibt es von 11 bis 15 Uhr Brunch für 25 €.

7 | Mailands grüne Lunge – der Parco Sempione

Karte: ▶ D/E 3/4 | **Metro:** M1 Cadorna, Cairoli, M2 Cadorna

Am Rande des über 40 ha großen Stadtparks zwischen dem Castello Sforzesco und dem Arco della Pace versammeln sich repräsentative Bauten wie die Arena, das Aquarium, die Triennale und das Teatro dell'Arte. Auf dem Grün dazwischen tummeln sich Jung und Alt – mit und ohne Hund. Und unter der Torre Branca im ›Just Cavalli Café‹ trifft man auf Mailands Schickeria.

Eine grüne Oase zum Luftholen, Spielen, Ausruhen

Der gegen Ende des 19. Jh. nach englischem Vorbild angelegte Parco Sempione (Mo–Sa 6.30–20 Uhr) mit seinen breiten Wegen, großen Wiesen, Kinderspielplätzen und Teichen ist der größte und beliebteste Park im von Smog geplagten Mailand. An Sonnentagen hocken hier nicht nur die Alten gemütlich schwatzend auf den Bänken. Mütter schieben Kinderwagen über die Wege oder ruhen sich auf dem Grün aus, während die ›großen Kleinen‹ auf dem Spielplatz toben. Die Enten auf dem Teich erfreuen die Kinder. Hunde genießen in den eigens für sie eingezäunten Arealen ihre Freiheit, Jogger hasten vorbei. Schüler und Studenten treffen sich wie üblich an der Bibliothek im Park.

Im Schatten unter hohen Bäumen stehen seit den 1970er-Jahren im Park verteilt auch etliche Kunstwerke wie das **Amphitheater** aus Eisen und Zement des französischen Künstlers Arman sowie die jüngst restaurierte **Fontana Metafisica** [1] des Surrealisten Giorgio de Chirico, ein Brunnen, der kein Wasser führt (zu erreichen durch die Triennale).

Monumentalbauten im Stadtpark

Der Name Parco Sempione geht zurück auf die Lage des Stadtparks auf der Achse zwischen Dom, Arco della Pace

7 | Parco Sempione

> **Übrigens:** Wenige Schritte von der Triennale befindet sich das **Studio Castiglioni** 2 (Piazza Castello 27, Tel. 02 80 53 606, www.achillecastiglioni.it). Sein Studio ist so geblieben, wie der Industriedesigner Achille Castiglioni es bei seinem Tod 2002 verlassen hat. Unglaublich lebendig und faszinierend, voller Bücher, kleiner Modelle, Möbel, Gegenstände, die er gezeichnet oder gesammelt hat. Man wird geführt, hört die Geschichte einzelner Stücke. Man verlässt das Studio erheitert und mit dem Plan, bald wieder zu kommen, um neue Details zu entdecken. Inzwischen ist das Studio eine Stiftung und wird damit hoffentlich auch von den Firmen, die durch Achille Castiglioni berühmt geworden sind, unterstützt.

und dem Simplontunnel – ein faszinierendes, perspektivisches Spiel zwischen dem Castello Sforzesco und dem **Arco della Pace** 3. Dieser Torbogen wurde 1807 zu Ehren Napoleons begonnen. Doch die verlorene Schlacht von Waterloo machte Bonaparte einen Strich durch die Rechnung: So wurde aus dem Triumphbogen kurzerhand ein Friedensbogen. Die neuen Machthaber aus dem Habsburger Kaiserhaus weihten das unter ihrer Herrschaft vollendete Tor 1838 ein. Aber wie auf dem napoleonischen Corso Sempione blieb auch hier ein Hauch von Pariser Flair erhalten.

Nicht weit entfernt liegt die Anfang des 19. Jh. erbaute **Arena** 4 mit ihren 30 000 Plätzen. Sie diente für Spiele jeder Art: geflutet für Feste auf dem Wasser mit venezianischen Gondeln oder für große Schiffsschlachten, trockengelegt für Ritterturniere und Wagenrennen. Heute finden hier unter anderem Sport- und Musikveranstaltungen statt.

Auf der gegenüberliegenden Seite des Parks steht der 1933 von Giovanni Muzio schon als polyfunktionales Gebäude konzipierte und von Michele de Lucchi umgestaltete **Palazzo dell'Arte** 5. Er ist Sitz der Triennale (www.triennale.it), einer ursprünglich alle drei Jahre stattfindenden Schau. Heute gibt es hier ständige Ausstellungen: Studien zu den Themenbereichen Architektur, Design, Urbanistik, Ausstattungskunst, audiovisuelle Kommunikation und Mode. Im Dezember 2007 wurde im Palazzo das lang ersehnte **Triennale Design Museum** eingeweiht.

Das Konzept des dynamischen Museums sieht vor, dass die Exponate jährlich unter ein neues Motto gestellt und ausgetauscht werden. Zur Triennale gehören auch eine Buchhandlung und ein Design Café, untergebracht in schönen, großzügigen Räumlichkeiten (beide Öffnungszeiten wie Museum), sowie ein weiteres im Park, **Camparitivo,** das bislang nur in der schönen Jahreszeit besucht werden kann (Di–So 11–24 Uhr).

Benachbart, aber im selben Gebäude, ist das **Teatro dell'Arte** untergebracht. Seine 800 Plätze sind besonders bei Freunden der Avantgarde gefragt. Neben dem Theater liegt das **Old Fashion Café,** eine Bar mit Restaurant und Disco, in der Nightlifegeschichte geschrieben wurde und wird (s. S. 107).

Die Stadt von oben

Bei gutem Wetter können sechs bis sieben Personen mit dem Aufzug auf den 1932 von Gio Ponti und anderen Architekten errichteten, fast 100 m hohen **Torre Branca** 6 fahren und etwa fünf Minuten lang die Aussicht auf die Stadt genießen – trotz der Kürze der Zeit ein sehr lohnenswertes Unterfangen. Zu Füßen des Turms befindet sich das **Just Cavalli Hollywood** 1, die Glamouradresse von Modeschöpfer Roberto Cavalli.

7 | Parco Sempione

Der Park hat früher großen Kundgebungen gedient, und auch die Weltausstellung von 1906 fand hier statt. Aus dieser Zeit stammt das schöne Jugendstilgebäude, das **Acquario e Civica Stazione Idrobiolica** 7, das heute eines der ältesten Aquarien der Welt beherbergt. 25 Bassins nehmen den Besucher mit auf die Reise von der Quelle bis zum Meer.

Infos und Öffnungszeiten
Triennale: Di–So 10.30–20.30, Do, Fr bis 23 Uhr
Triennale Design Museum: Viale Alemagna 6, Tel. 02 72 43 41, www.triennaledesignmuseum.it, Di, Mi, Sa–So 10.30–20.30 Uhr, Do und Fr 10.30–23 Uhr, Museum 8 €, Ausstellungen zwischen 2 und 8 €
Teatro dell'Arte: Viale Alemagna 8, Tel. 02 89 01 16 44, www.teatrocrt.it
Torre Branca: Tel. 023 31 41 20, die Öffnungszeiten des Aussichtsturms sind je nach Jahreszeit verschieden, man schaue deshalb besser unter www.turismo.milano.it nach (bei schlechtem Wetter ist der Turm geschlossen), 4 €
Acquario: Viale Gadio 2, Tel. 02 88 46 57 50, www.acquariocivicomilano.eu, Di–So 9–13, 14–17.30 Uhr, Eintritt frei

Pause im Grünen
Die **Bar Bianco** 1 liegt mitten im Parco Sempione (Via Ibsen 4, Tel. 02 86 99 20 26, www.bar-bianco.com, Mai–Sept. So–Do 10–1, Fr, Sa 10–2 Uhr; die angegebenen Zeiten sind nicht verbindlich). Beliebt ist ihre Terrasse mit Blick auf den Park. Im Sommer gibt's hier DJ-Sessions und täglich Cocktails (18–20 Uhr, mit Büfett 8 €), im Winter bei gutem Wetter mittags *panini*. Auch Restaurantbetrieb (Gericht ab 13 €).

It's Lounge Time
Am Arco della Pace und am Corso Sempione locken viele schicke, trendige Lokale, so z. B. das **Living** 2 (Piazza Sempione 2, Tel. 02 33 10 08 24, www.livingmilano.it, tgl. 8–2 Uhr) mit Blick auf den Arco della Pace. Im ehemaligen Postamt sitzt man auf bequemen Sesseln mit orangefarbenen und dunkelroten Kissen bei Chillout- und Lounge-Jazz-Musik. Es gibt über 100 verschiedene Wodkas und eine gute Auswahl an Weinen. Reiches Büfett zum Aperitif.
Wenige Schritte entfernt gibt es im eleganten Lounge-Restaurant **Wish** 3 (Corso Sempione 5, Tel. 02 33 10 37 09, www.wishmilano.com, Mo–Fr 8–2, Sa 17–2, So 12– 2 Uhr) neben dem Restaurant, in dem man auch Pizza essen kann (ab ca. 15 €), eine Cocktailbar mit großen, gemütlichen Sofas. Sonntags Brunch.

8 | Auf Leonardos Spuren – »Abendmahl« und Museo della Scienza

Karte: ▶ D 4/5 | **Metro:** M1, M2 Cadorna

Pilgerscharen aus der ganzen Welt besuchen tagtäglich das Refektorium des Klosters von Santa Maria delle Grazie, eines der wichtigsten Renaissancegebäude Mailands, um »Das letzte Abendmahl« Leonardo da Vincis anzusehen. Und statten dann noch dem Museo della Scienza e della Tecnica einen Besuch ab, in dem Modelle ausgestellt sind, die nach Zeichnungen des großen Meisters angefertigt wurden.

Es gibt Besucher, die kommen nach Mailand, nur um da Vincis »Abendmahl« und um seine Codici zu sehen. Man muss aber wissen, dass die Vorbestellung von Tickets oft lange im Voraus obligatorisch ist. Nur je 25 ›entsmogte‹ und entstaubte Gäste dürfen für jeweils 15 Minuten die ergreifende *ultima cena* betrachten, da das unersetzliche Werk stark gefährdet ist.

Dem italienischen Universalgenie auf der Spur

1452 als außerehelicher Sohn eines Notars im toskanischen Vinci geboren, besuchte Leonardo 17-jährig die Florentiner Werkstatt Andrea del Verrocchios, um Malerei und Bildhauerei zu studieren. Aber da der junge Lehrling des Lateinischen nicht mächtig war, fühlte er sich unter den ›hochmütigen‹ Humanisten nicht wohl und bewarb sich schließlich bei den Sforzas in Mailand um eine Stellung: als Festungsbaumeister, Hydrauliker, Architekt und ganz zuletzt auch als Künstler ... Wohl getan, denn hier wurde er zum führenden Künstler am Hof!

Das berühmteste Fresko der Welt

Das »Cenacolo Vinciano«, das Leonardo 1495–1498 an die Nordwand des **Refektoriums von Santa Maria delle Grazie** 1 malte, ist eines der

8 | »Abendmahl« und Museo della Scienza

berühmtesten Wandgemälde der Welt. Das Abendmahl war von jeher Thema christlicher Malerei. Neu bei Leonardo ist die Dramatik, die sich aus dem gewählten Moment entwickelt, in dem Jesus sagt: »Einer ist unter Euch, der mich verrät.« Die Bewegtheit und Lebendigkeit der jeweils zu dritt gruppierten Apostel steht im Kontrast zu der Ruhe, die Christus ausstrahlt.

Statt der üblichen Freskotechnik verwendete Leonardo Temperafarben auf einer Gipsgrundierung, da diese ihm eine langsamere Arbeitsweise und Korrekturen erlaubten. Doch da Temperafarben äußerst feuchtigkeitsempfindlich sind, bezeugt schon 1517 ein Bericht den Verfall des Bildes und bereits in den 20er-Jahren des 16. Jh. war es von einem weißen Schleier überzogen. 1568 schrieb Giorgio Vasari, der erste Künstlerbiograf und selbst auch Maler, das Bild sei verdorben und man sehe nur noch unbestimmbare Flecken.

1726 begannen die ersten Restaurierungsarbeiten. Zwar wurden Staub und Kerzenruß entfernt, doch richteten die Arbeiten darüber hinaus eher Schaden an, sodass viel von den Originalfarben verloren ging. Am 18. August 1943 zerstörte ein Bombenhagel der Alliierten das Kloster. Wie durch ein Wunder blieben die Wand mit dem »Abendmahl« und die gegenüberliegende »Kreuzigung« von Donato da Montorfano auf den mit Sandsäcken bedeckten Stirnwänden erhalten, obwohl die Seitenwände einstürzten. Bei der nun folgenden, äußerst aufwendigen und kostspieligen Reinigung (1978–1999) konnten alle noch von Leonardo erhaltenen Farbreste gerettet werden.

Die schönste Renaissancekirche Mailands

Bei aller Leonardo-Begeisterung sollte man nicht versäumen, die zum Dominikanerkloster gehörende Renaissancekirche **Santa Maria delle Grazie** [2] zu besuchen: Sie ist absolut sehenswert. Von Guiniforte Solari ursprünglich gotisch konzipiert, avancierte sie durch die 16-eckige Bramante-Kuppel und das prächtige Portal zu einem der bedeutendsten Renaissancebauten Mailands. Einen schönen Blick auf die Kuppel hat man vom kleinen Kreuzgang.

Und natürlich ist auch hier Leonardo nicht weit: In der Sakristei der Kirche sowie in der Sala Federiciana der Pinacoteca Ambrosiana (s. S. 79) wird sein »Codice Atlantico« erstmals der Öffentlichkeit vollständig präsentiert. Bis zur Expo im Jahr 2015 werden die insgesamt 1119 Blätter in 24 jeweils drei Monate andauernden Ausstellungen gezeigt.

Dem Studium der Natur gewidmet

Dem Universalgenie der Renaisance ist auch das **Museo Nazionale della Scienza e della Tecnica Leonardo da Vinci** [3] gewidmet (s. S. 79). Kern des Museums mit seinen über 10 000 Objekten ist die über 100 m lange Leonardo-Galerie im ersten Stock des ehemaligen Klostergebäudes. Hier sind Modelle ausgestellt, die man nach den Zeichnungen des Künstlers gefertigt hat. Viele der Projekte waren der damaligen Zeit weit voraus. In ihnen wird deutlich, dass Leonardos Ausbildung nicht nur

> **Übrigens:** Sollte man keine Eintrittskarte für das »Abendmahl« bekommen, kann man eine Grand Tour di Milano buchen (s. S. 25), in deren Verlauf das Kunstwerk besichtigt wird. Es gibt für Sehbehinderte jetzt eine Kunstharzkopie vom »Abendmahl«. Eintritt frei, Vorbestellung 1,50 €.

8 | »Abendmahl« und Museo della Scienza

Übrigens: Den Eingang der Galopprennbahn in San Siro ziert seit 1999 das größte Pferdestandbild der Welt (7 m hoch). Das beeindruckende Bronzepferd wurde nach einer Skizze von Leonardo gefertigt (Geschenk eines amerikanischen Philanthropen) und aus 60 Einzelteilen zusammengesetzt.

auf das Künstlerische beschränkt war, sondern auch auf dem Studium der Natur, auf Beobachtung und Experimenten basierte. Seine Schriften bezeugen seine Genialität, aber auch seine Mühe, ohne Lateinkenntnisse Wissenschaftler zu sein. Ganze Seiten voller Vokabeln stehen da neben Notizen, die sein Interesse für alle nur denkbaren Wissensgebiete zeigen.

Infos und Öffnungszeiten
Museo del Cenacolo Vinciano/Refektorium Santa Maria delle Grazie: Piazza Santa Maria delle Grazie 2, Tel. 92 80 03 60, www.cenacolovinciano.net, (Vorbestellung obligatorisch, für Wochenenden Monate im Voraus, daher unbedingt frühzeitig vorbestellen!), Di–So 8.15–18.45 Uhr, 6,50 € plus 1,50 € Reservierungsgebühr; Führungen auf Englisch: 9.30, 15.30 Uhr, auf Italienisch 10, 16 Uhr; Eintritt mit Führung 10 € plus 1,50 €.

Chiesa Santa Maria delle Grazie: tgl. 7–12, 15–19 Uhr

Museo Nazionale della Scienza e della Tecnica Leonardo da Vinci: s. S. 79.

Sehenswertes in der Nähe
Schräg gegenüber von Santa Maria delle Grazie steht der **Palazzo delle Stelline** 4 (www.stelline.it), ein ehemaliges, um drei große Kreuzgänge gebautes Kloster aus dem 16. Jh. In den 1970er-Jahren wurde es umgestaltet zum Kongresszentrum mit Kunstgalerie (wechselnde Ausstellungen zeitgenössischer Kunst), zwei Restaurants, einem schönen Hotel (Hotel Palazzo delle Stelline, Corso Magenta 61, Tel. 024 81 84 31, Fax 02 48 19 42 81, www.hotelpalazzostelline.it, DZ 175/225 €, Suite 205/275 €.) und einer Bar mit Tischen im Garten (Mo–Fr 9–20 Uhr, Tel. 02 45 46 23 52). Hier im Garten soll Leonardo da Vinci seinen Weingarten angelegt haben.

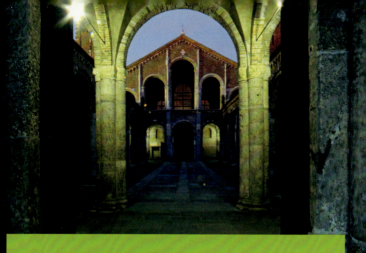

9 | Dem Stadtpatron geweiht – Sant'Ambrogio

Karte: ▶ D/E 5 | **Metro:** M2 Sant'Ambrogio

Sant'Ambrogio ist die ›Königin und Mutter‹ der romanischen Kirchen der Lombardei. Das Gotteshaus liegt in einem vornehmen, eher konventionellen Stadtteil, in dem alte Mailänder Adelsfamilien wohnen. Doch dank der Università Cattolica trifft man hier auch auf viele junge Menschen.

Natürlich sind die Mailänder katholisch, wie der Großteil der italienischen Bevölkerung. Oder besser: Sie sind ambrosianisch, d. h. sie bekennen sich noch heute zur ambrosianischen Liturgie, die der Mailänder Stadtpatron, der hl. Ambrosius, im 4. Jh. eingeführt hat. Ambrosius, der Sohn eines römischen Hauptmanns aus Trier, kam einst als Heide ins römische Mediolanum und wurde, kaum getauft, dank seines diplomatischen und politischen Geschicks zum Bischof ernannt. Sein Namenstag, der 7. Dezember, ist in Mailand ein wichtiger kirchlicher Feiertag.

Aber nun zur Kirche: Für die Mailänder ist **Sant'Ambrogio** 1, fast mehr noch als der Dom, das Zentrum ihres Glaubens. Hier ruht der hochverehrte Stadtpatron in einem gläsernen Sarg in der Krypta. Hier finden die meisten Trauungen statt, denn ein schöner Aberglaube verheißt den in Sant'Ambrogio getrauten Paaren den Schutz des Stadtpatrons gegen Ehekrisen (www.santambrogio-basilica.it).

›Königin und Mutter‹

Sant'Ambrogio, am inneren Stadtring, gehört zu den drei noch existierenden, am Ende des 4. Jh. vom hl. Ambrosius gegründeten Kirchen. Vier große Basiliken bildeten ein Kreuz und sollten an das Kreuz Christi erinnern. Aber während die oft zerstörten, um- und wieder aufgebauten Kirchen San Simpliciano und San Nazaro heute weder architek-

9 | Sant'Ambrogio

tonisch noch kunsthistorisch besonders interessant sind, ist die im 11./12. Jh. neu errichtete Basilika Sant'Ambrogio eines der schönsten und besterhaltensten Beispiele der Frühromanik in Italien.

Am besten betritt man die Kirche von ihrem wunderbaren Atrium aus, denn so ist der Besucher schon auf die feierliche Atmosphäre eingestimmt, die ihn im dreischiffigen, mit vielen Kunstschätzen bereicherten Innern erwartet. Hier seien nur einige erwähnt: Im Chor tragen vier antike Porphyrsäulen das Ziborium aus dem 10. Jh., das vergoldete byzantinische Stuckreliefs schmücken. Der goldene Altar von Meister Volvinius ist ein bedeutendes Goldschmiedewerk aus dem 9. Jh. mit Szenen aus dem Leben Christi und des hl. Ambrosius. Die Mosaiken der Apsis stammen aus dem 9./10. Jh. Die Kapelle **San Vittore** (Eintritt 2 €) im rechten Querschiff war vielleicht eine Apsis der ursprünglichen Basilika. Das Mosaik aus dem 5. Jh. zeigt das Bildnis des hl. Ambrosius. Über einem Sarkophag aus dem 4. Jh. erhebt sich die Kanzel. Das ungewöhnlichste Werk ist jedoch die sagenumwobene bronzene Schlange auf einer römischen Säule im Mittelschiff.

Kontrapunkt

Im vornehmen Sant'Ambrogio wohnen seit Generationen feine, alteingesessene Familien in Häusern mit schönen Innenhöfen und Parks, die man hinter den schlichten Fassaden oft gar nicht vermutet. Hier geht es eher gediegen und konventionell zu. Trotzdem begegnet man hier vielen jungen Leuten, denn gleich hinter der Basilika steht die **Università Cattolica** 2, die größte Privatuniversität Italiens. Seit 1930 fungiert das große ehemalige Zisterzienserkloster, dessen zwei Kreuzgänge Bramante entwarf, als Universität.

Ein Paradies für Bücher- und Plattenliebhaber

In der Via Teraggio gibt es Bücher und Platten für jeden Geschmack: die auf Theater, Kino, Musik und Tanz spezialisierte **Libreria dello Spettacolo** 1 (Nr. 11, www.libreriadellospettacolo.it), das historische Plattengeschäft **Buscemi** 2 an der Ecke zum Corso Magenta (Corso Magenta 27, www.buscemihifi.it) und **Libet** 3 (Nr. 21, www.libet.org), eine sehr gut sortierte Second-Hand-Buchhandlung. Auch mit Büchern auf Englisch und Französisch.

En vogue

Sehr beliebt ist die gemütliche **Bar Magenta** 1 (Via Carducci 13, Di–So 7–3 Uhr) mit dunklen, alten Holzmöbeln. Mittags kann man hier auch etwas essen. Zum Aperitif ist die Bar sehr gut besucht.

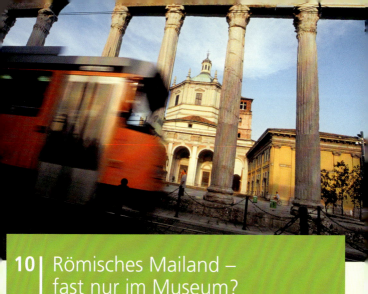

10 | Römisches Mailand – fast nur im Museum?

Karte: ▶ E 5 | **Metro:** M1, M2 Cadorna, **Tram:** 19, 24

Dass Mailand von 286 bis 402 n. Chr. die Hauptstadt des Römischen Reiches war, ist heute kaum mehr vorstellbar! 379 n. Chr. verlieh der Dichter Ausonio der Stadt gar den Titel »zweites Rom« – in Anbetracht der Fülle seiner vielen spätantiken Bauten. Heute ist davon wenig zu sehen.

Geblieben sind nur ein paar Namen, so die Via Circo oder die Via Arena, außerdem einige Mauerreste und Türme, auf die man aber hingewiesen werden muss, sowie wenige Mosaikreste und Steine. Das römische Mailand existiert vor allem unterirdisch. Wo auch immer im Zentrum gegraben wird, stößt man auf römische Spuren. Ein Graus für die Bauunternehmen, denn kaum ist der erste Spatenstich getan, kommen die Archäologen und verfügen einen Baustopp, bis das Wichtigste gerettet ist. So kann es durchaus passieren, dass man in einer Tiefgarage plötzlich vor imposanten Mauerresten steht. Denn unter der Stadt gibt es noch antike Kornspeicher, Zisternen, Brunnen, Säulensockel etc. – aber leider sind sie nicht zu besichtigen, und über den Zeugnissen der römischen Kultur rauscht ahnungslos der Verkehr hinweg. Kapitelle und Statuen wurden ins Museum geschleppt, der Rest schnell wieder zugeschüttet oder einfach nur an Ort und Stelle belassen. Mailand war dank seiner zentralen Lage stets ein wichtiges Handelszentrum, und es wurde viel gebaut. Da es aber ringsum keine Steinbrüche gab, verwendete man das Baumaterial alter Gebäude: Das heißt man baute auf und mit Vorhandenem.

Eines der wenigen Überreste aus der Zeit der Römer

Das einzige erhalten gebliebene große Zeugnis der Antike sind die Colonne di

Römisches Mailand

Übrigens: Wer im Straßengeflecht zwischen dem Corso Magenta und der südlicher gelegenen Via Torino die Augen offen hält, trifft hier immer wieder auf römische Reste. Diejenigen des Palazzo Imperiale in der Via Brisa (s. u.) sind darunter wohl die bedeutendsten. Wer sich für das antike Mailand interessiert, könnte noch einen Abstecher zur etwas abseits gelegenen Via Arena machen, wo sich im Parco dell'Anfiteatro e Antiquarium die Reste eines Amphitheaters befinden. Im Antiquarium sind römische Funde ausgestellt, und Zeichnungen erklären, wie die Amphitheater funktionierten.

Parco dell'Anfiteatro e Antiquarium: ▶ Karte 2, E 6, Eingang in der Via de Amicis 17, Bus 94: Antiquarium, Di–Sa 9–14 Uhr; Park mit den Relikten eines Amphitheaters, in den Wintermonaten Di–Sa 9.30–16.30, in den Sommermonaten 9.30–19 Uhr. Eintritt frei

edikts von Konstantin im Jahr 313, ein ›roter Faden‹ wieder hergestellt wird.

Ein Blick hinter die Kulissen der römischen Stadt

Zunächst sollte man das **Museo Archeologico** 2 besuchen, um mehr über das römische Mailand zu erfahren. Das Museum selbst ist auf ›Geschichtsschichten‹ errichtet. Über der ältesten aus dem 1. Jh. n. Chr. wurde im 4. Jh. der Zirkus gebaut, im 8. Jh. ein mittelalterliches Kloster und im 16. Jh. das **Kloster San Maurizio Maggiore,** welches das Museum beherbergt. Im Garten stehen noch der römische Turm, der später in einen Glockenturm umgebaut wurde, und Teile der römischen Stadtmauer (s. auch S. 77).

Abstecher in die Renaissance

Die dem Museum benachbarte Renaissancekirche **San Maurizio al Monastero Maggiore** 3 sollte man keinesfalls links liegen lassen – römische Geschichte hin oder her. Da sie zum benachbarten Kloster der Benediktinernonnen gehörte, ist sie im Innern durch eine Wand unterteilt: Auf der einen Seite saßen die Nonnen und wohnten so ungesehen der Messe bei, getrennt von den übrigen Gläubigen auf der anderen Seite. Fresken aus dem 16. Jh. schmücken die ganze Kirche. Sehenswert sind vor allem die Wandgemälde von Bernardino Luini (um 1525). Bei Konzertabenden in der Kirche kommt auch eine hölzerne Orgel aus dem 16. Jh. zum Einsatz (www.quartettomilano.it).

San Lorenzo (s. S. 59). Unweit des Archäologischen Museums kamen die Reste des **Palazzo Imperiale** erst im Zweiten Weltkrieg in Folge der Bombardierungen 1943 zum Vorschein. Man sieht sie unweit des Corso Magenta in der **Via Brisa** 1.

Eine autofreie Zone ist immer wieder in der Diskussion, eine Art Freilichtmuseum, das die wenigen sichtbaren Spuren von Thermen, Circus und Kaiserpalast bis hin zu den Resten des römischen Theaters unter der Börse (s. S. 74) umfasst. Gelehrte Optimisten hoffen, dass 2013, zum Jubiläum des Toleranz-

Infos und Öffnungszeiten
Civico Museo Archeologico: Corso Magenta 15, Tel. 02 86 45 00 11, www.comune.milano.it/museo archeologico, Di–So 9–13, 14–17.30 Uhr, Eintritt 5 €. Jeden Freitagsnachmittag ist der Eintritt frei (Sammelticket s. S. 46).

10 | Römisches Mailand

Herrlich altmodische Geschäfte

Im noblen Corso Magenta gibt es neben mehr klassischen, feinen Läden auch noch Geschäfte, die aus einer anderen Epoche zu stammen scheinen. Dazu gehören beispielsweise ein Laden, in dem man – bis heute – Livreen für die Dienerschaft und die passenden Häubchen und Schürzen für die Dienstmädchen findet, sowie gegenüber die herrliche alte **Drogheria Soana** 1 mit ihren dunklen, hohen Holzregalen, in denen heute Tees, Öle, Weine, Marmeladen und vieles mehr auf Kundschaft warten (Corso Magenta 1, Tel. 02 86 45 27 25, www.drogheria soana.it).

M.C.M. Santa Maria Novella 2 ist eine alte Apotheke aus Florenz, in der man die besten Potpourris aus toskanischen Wiesenblumen bekommt (Corso Magenta 22, www.santamarianovella milano-mcm.it, Mo geschl.).

Süße Verführung und spanischer Einfluss

In der Via Santa Maria alla Porta liegt die **Bar Marchesi** 3, eine hervorragende Konditorei mit Dekor im Stil des 19. Jh., Wiener Atmosphäre und einer verführerischen Auswahl an Pralinen (Via Santa Maria alla Porta 11a, Tel. 02 87 67 30, Di–So 8–20 Uhr, So nachmittags und Mo geschl.).

Gut isst man im **La Brisa** 1 (Via Brisa 15, Tel. 02 86 45 05 21, tgl. 12.45–14.30, 19.45–22.30 Uhr Sa und So mittags geschl., Mittagsmenü ca. 25 €, abends ca. 50 €). Gepflegte, traditionelle Gerichte mit modernem Touch und zuweilen spanischem Einfluss. Im Sommer speist man auch im schattigen Innenhof.

Auf einen Aperitif vor dem Theaterbesuch

Der prächtige Barockpalast **Palazzo Litta**, dessen Rokokofassade von 1763 stammt, beherbergt heute das kleine **Teatro Litta** (Corso Magenta 24, Tel. 02 86 45 45 45, www.teatrolit ta.it, Kartenverkauf Mo–Sa 18–20 Uhr) und das eher ›spartanisch‹ geführte **Boccascena Café** 1. Ab 19 Uhr (Di–Sa, Tel. 028 05 31 32) gibt's im Boccascena Aperitifs ab 6 €. Außerdem bietet das Café kostenlosen WLAN-Zugang.

11 | Jugendtreff unter römischen Säulen – Corso di Porta Ticinese

Karte: ▶ E 6/7 | **Tram:** 3, 9, 15, 29, 30, **Bus:** 94

Der Corso di Porta Ticinese lockt mit zwei der ältesten und schönsten Basiliken. Auf Höhe der Basilica di San Lorenzo säumen ihn sechzehn römische Säulen, die Colonne di San Lorenzo, zwischen denen sich vor allem im Sommer das Jungvolk trifft. Parallel zum Corso erstreckt sich im Osten der Parco delle Basiliche mit faszinierendem Blick auf die Architektur der Basilika.

Leider hat der Corso di Porta Ticinese in letzter Zeit viel von seinem Charme verloren. Multiethnische, kreative Läden sind von banalen Geschäften ersetzt worden, dennoch lohnt es sich, die Straße zu besuchen, denn hier finden sich zwei der wichtigsten Basiliken der Stadt: San Lorenzo im Norden und Sant'Eustorgio im Süden. Die antiken Marmorsäulen vor dem Hauptportal von San Lorenzo Maggiore bilden zusammen mit Kirche und mittelalterlichem Stadttor Porta di Ticinese ein ›Epochen-Konglomerat‹.

Steinernes Geschichtsbuch

Die Basilika **San Lorenzo Maggiore** 1, im 4. Jh. mit den Trümmern antiker Bauten begonnen, präsentiert sich von hinten als ein ›Knäuel‹ aus Kuppeln und Türmen. Verschiedene Kapellen, die sich um den grandiosen Zentralbau gruppieren, verleihen dem Gebäudekomplex einen fast festungsartigen Anstrich. Das Innere des Gotteshauses gleicht einem Kompendium der 1600-jährigen Bau- und Kunstgeschichte. Was hier trotz Bränden, Zerstörung und Erneuerung heute zu sehen ist, blieb seit dem frühen 17. Jh. unverändert.

Besonders sehenswert ist die **Capella di San Aquilino** aus dem 4. Jh. mit ihren Fresken und einem Sarkophag. Am bedeutendsten sind die leider nur in Bruchstücken erhaltenen Mosaiken, die

11 | Corso di Porta Ticinese

jedoch den Vergleich mit dem prachtvollen byzantinischen Pendant in Ravenna erlauben. Angeblich entstand diese Kapelle als Grabmal für Galla Placidia, die Tochter von Kaiser Theodosius. Und hier stößt man auch auf ein weiteres »Abendmahl«: Die Renaissancekopie von Leonardos Meisterwerk bezeugt, wie schnell diese neuartige Darstellung berühmt wurde (s. S. 51). Vor dem Fresko steht eine polychrome Pietà aus Terrakotta.

> **Übrigens:** Der Parco della Basiliche zwischen den beiden Basiliken San Lorenzo und Sant'Eustorgio, der von der Via Molino delle Armi unterbrochen ist, entstand nach den Bombardierungen des Zweiten Weltkriegs. Man sollte die große Grünanlage unbedingt besuchen, um den gewaltigen, nachts beleuchteten Komplex von San Lorenzo bewundern zu können – vor allem von hinten lohnend!

Römische Säulen

Die imponierendsten Überreste aus römischer Zeit in Mailand sind die 16 antiken korinthischen Marmorsäulen **Colonne di San Lorenzo** [2] aus dem 4. Jh. Ihre Herkunft gibt Rätsel auf: Tempel oder Villa? Zwischen Säulen und Kirchenfassade steht das Denkmal Kaiser Konstantins. Er erließ im Jahre 313 das Toleranzedikt, das Religionsfreiheit gewährte. In dieser Zeit begann sich das Stadtbild mit dem Bau von Kirchen und Basiliken gewaltig zu ändern.

Die Säulen sind vor allem an Sommerabenden ein beliebter Treffpunkt. Man versammelt sich auf dem Platz zwischen Kirche und Säulen und holt sich ein Eis in der hervorragenden **Gelateria Grom** [1] gleich um die Ecke, ein Bier in **Luca's Bar** [2] unter dem mittelalterlichen Stadttor oder ein Getränk aus einem der anderen Lokale. Dicht gedrängt steht hier dann die Jugend.

Der Raub der Reliquien

Seit Jahrhunderten beginnt jeder neue Erzbischof seinen Einzug in Mailand bei **Sant'Eustorgio** [3], das im 4. Jh. am Stadtrand dem gleichnamigen Märtyrerbischof geweiht wurde. Dem hatte der Kaiser von Byzanz ein Ruhm und Macht bringendes Geschenk überlassen: die Reliquien der Heiligen Drei Könige. Zur tiefen Trauer und Empörung der Mailänder ließ König Barbarossa, der 1162 ihre Stadt eroberte, die kostbaren Reliquien nach Köln entführen, wo sie im Dom zur Verehrung aufgestellt wurden. Erst Anfang 1903 gab die Erzdiözese Köln ein paar der hochverehrten Knöchelchen der Basilika Sant' Eustorgio zurück. Dass die Reliquien noch heute einen legendären Ruf besitzen, wissen außer Kunstkennern auch die Kinder, die den Zug der Heiligen Drei Könige am 6. Januar vom Dom zu ihrer Kirche begleiten. An jedem 29. April kann man hier Zeuge eines überlieferten Brauchs werden, der besagt: Wer hier an diesem Tag seinen Kopf an den Altar schlägt, wird das ganze Jahr kein Kopfweh haben …

Ein Florentiner in Mailand

Die Basilika wurde mehrmals erweitert und immer wieder umgebaut. Der heutige Bau stammt aus dem 13. Jh. Den schönsten Blick auf die vielen Kapellen hat man von der Via Santa Croce, der ersten Fußgängerstraße Mailands. Unter den Seitenkapellen mit Grabstätten alter Mailänder Adelsfamilien sollte man die letzte, die 2001 restaurierte Renaissancekapelle nicht versäumen – sie ist ein architektonisches Kleinod. Der Florentiner Bankier Portinari ließ

11 | Corso di Porta Ticinese

die **Capella Portinari** – die ›Kirche außerhalb der Kirche‹ – für die Reliquien des in Oberitalien hochverehrten Märtyrers San Pietro di Verona und für sich selbst errichten. Auf dem prächtigen, von vier Säulen getragenen Sarkophag aus carrarischem Marmor vom Bildhauer Giovanni di Balduccio aus Pisa (14. Jh.) erzählen die Reliefs und auch die Fresken des Lombarden Vincenzo Foppa (15. Jh.) von Leben, Wunder und Tod des Heiligen.

Im Kreuzgang neben Sant'Eustorgio befindet sich das **Museo Diocesano** mit kostbaren Bildern, Skulpturen und Reliquiaren.

Infos
Die **Sammelkarte** (gültig für das Kalenderjahr) für das Museo Diocesano sowie die Kapellen Portinari (Basilika Sant'Eustorgio) und Sant'Aquilino (Basilika San Lorenzo) kostet 12 €.
Museo Diocesano: Tel. 02 89 42 00 19, www.museodiocesano.it, Di–So 10–18, Juli–Sept. auch Di–Sa 19–24 Uhr, 8 €

Capella Portinari: www.santeustorgio.it, Di–So 10–18 Uhr, 6 €

Treffpunkte unter dem Tor
Grom: Corso di Porta Ticinese 51, Tel. 02 58 10 71 10, tgl. 12–1 Uhr
Luca's Bar: Corso di Porta Ticinese 51b. Beliebte, winzige Cocktailbar mit wenigen, kleinen Tischen auf der Straße. Auch Take-Away-Getränke.

Ein beliebtes Sträßchen
Schräg gegenüber von den Colonne liegt die kleine unscheinbare **Via Gian Giacomo Mora** 4, wo 1630 ein armer Barbier als *untore* (Pestverbreiter) getötet wurde. Hier findet man beliebte Lokale wie das **Berlin Café** 1 (Nr. 9, www.berlincafe.milano.it), das sehr nette Restaurant **Zucca e Melone** 3 (Nr. 3, Tel. 02 89 45 58 50, www.ristorantezuccaemelone.it, Mo–Sa 12–15, 19–23 Uhr, Juli, Aug. Sa mittag geschl., lombardische, emilianische, piemontesische Küche, *primo* und *secondo* ca. 35 €), Antiquitätengeschäfte und einen bekannten Herrenfriseur. Auch der kleine, bei Graffitikünstlern beliebte Laden **Borderline** 1 (Nr. 12), der originelle Serigrafien auf T-Shirts macht, die auf Reisen spezialisierte Buchhandlung **Azalai** 2 (Nr. 15, www.libreriaazalai.it), **Cavalli e Nastri** 3 (Nr. 3 und 12, www.cavallienastri.com) mit Vintage-Kleidung, Spitzen und Schmuck aus dem vorigen Jahrhundert – alle liegen sie in dieser winzigen Straße.

12 | Unterwegs im ›Quartier Latin‹ Mailands – das Navigli-Viertel

Karte: ▶ C–E 7/8 | **Metro:** M2 Porta Genova, **Tram:** 9, 29, 30

Einst kam man auch über den Wasserweg, die Navigli, nach Mailand. Auf alten Stadtansichten könnte man die Hauptstadt der Lombardei mit ihren romantischen Wasserstraßen fast mit Venedig verwechseln. Bis in die 1970er-Jahre gab es hier noch den drittgrößten Binnenhafen Italiens. Heute geht es im Navigli-Viertel mit seinen Lokalen und Lädchen quicklebendig zu.

Naviglio Grande und **Naviglio Pavese** sind die Reste eines hochentwickelten, schon im 13. Jh. existierenden Kanalsystems. Dass Leonardo da Vinci, wie oft behauptet wird, an ihrem Bau beteiligt war, ist nicht bewiesen. Belegt hingegen sind seine Studien über die Schleusen der Kanäle. Die Rolle der künstlichen Wasserstraßen als Kommunikations- und Handelswege einer Stadt, die zwischen den großen, aber entfernten Flüssen Ticino, Adda und Po liegt, wuchs in gleichem Maß wie Mailand und seine Bedeutung. So kam der Marmor für den Dombau bis kurz vor dem Zweiten Weltkrieg noch direkt vom piemontesischen Ufer des Lago Maggiore über den Ticino und die Kanäle bis ins Zentrum. Sie sorgten auch für die Bewässerung, dienten als Antriebskraft für Handwerksbetriebe oder einfach als Verkehrswege.

Kühne Pläne

Ein Kanal fließt in die **Darsena** [1], das alte Hafenbecken, der andere aus ihr hinaus. Kühne Pläne, die allerdings bis jetzt nur auf dem Papier stehen, wollen aus der Darsena einen touristischen Hafen machen, von dem aus man wie einst Locarno im Tessin und Venedig erreichen könnte. Bis jetzt gibt es nur eine Navigli-Tour auf dem geschichtsträchtigen Wasser bis zur kleinen Doppelkirche **San Cristoforo** (13./14.

bzw. 15. Jh.). Leider sind die Fresken an der Fassade kaum mehr zu sehen, während die im Innern besser erhalten sind.

Hinterhofatmosphäre satt

Gusseiserne Brücken überspannen die Kanäle, an deren Ufern sich zahlreiche Lokale angesiedelt haben. Im Sommer verwandeln sich einige der alten Lastkähne in schwimmende Bars oder Restaurants. Zweimal im Jahr wird das Wasser abgelassen, um die Kanäle zu reinigen, dann verwandeln sie sich leider in übel riechende Müllhalden.

Bis zum Beginn der 1970er-Jahre lebten und arbeiteten hier vor allem Handwerker. Wie ein Reißverschluss trennte das lange von Bauspekulanten verschonte Navigli-Viertel damals das Zentrum von der südlichen Peripherie, einer sumpfigen Gegend. Es konnte seinen ganz eigenen, fast dörflich anmutenden Charakter bewahren. Den kann man zuweilen auch heute noch in den Hinterhöfen spüren, wo Wäschegirlanden im Wind flattern. Erst in den 1980er-Jahren begann die Renovierung der alten *case a ringhiera*, der typischen Mailänder Häuser mit großem Innenhof und Außentreppen, die über einen gemeinsamen schmalen Balkon zu den einzelnen Wohnungen führen. Die Häuser sind wieder in den alten Farbtönen, Gelb und Rot, gestrichen, die Höfe mit Blumen geschmückt. Architekten, Designer, Fotografen und Künstler siedelten sich hier an, sie lieben die Atmosphäre in den verwinkelten Sträßchen und Hinterhöfen.

Boulevard der Nachtschwärmer

Heute gilt das Navigli-Viertel als das ›Quartier Latin‹ Mailands. Trödel- und Antiquitätenläden, Künstlerateliers und Boutiquen laden zu Spaziergängen an der **Alzaia Naviglio Grande** und der gegenüberliegenden **Ripa di Porta Ticinese** ein. Auch etliche der so beliebten Vintage-Läden haben sich hier neben Galerien und ausgefallenen Geschäften angesiedelt. An jedem letzten Sonntag des Monats (außer Juli und Aug.) findet der malerische Antiquitätenmarkt **Mercatone dei Navigli** statt. Neben schlichten Osterie eröffnen moderne Lokale jeglicher Couleur und aller Preislagen. Restaurants, Kneipen, Pianobars und Jazzkeller (Letztere insbesondere in der Via Ascanio Sforza) schießen wie Pilze aus dem Boden und locken Nachtschwärmer an. Im Sommer dürfen hier am Abend keine Autos fahren und das Nachtvolk ergießt sich lärmend in die Straßen.

Die Party- und Ausgehmeile wächst

Am **Vicolo dei Lavandai** 2 speist man im traditionsreichen Café/Restaurant **El Brellin** 1, wo einst Seife verkauft wurde. Bis in die 1950er-Jahre schrubbten nämlich an dieser einzigen erhaltenen überdachten Waschstelle die Frauen ihre Wäsche auf einem Waschbrett, das im Volksmund *brellin* heißt.

Gute Adressen finden sich auch jenseits der Circonvallazione, des dritten Stadtrings, so das renommierte **Restaurant Sadler** 2 oder gleich neben-

> **Übrigens:** In der Via Bordighera 2 (Tel. 02 8954 02 27) hat die Modedesignerin Gentucca Bini ihr Atelier und Showroom im ehemaligen Theater von Nobelpreisträger Dario Fo eingerichtet. Ihre neueste Linie heißt **By Gentucca Bini**. Man bringe ihr ein Kleid – sie interpretiert es neu und gibt ihm einen Kick und ihr Label. Je nach Eingriff zwischen 80 und 300 €.

12 | Navigli-Viertel

an die **Osteria Grand Hotel** 3 und in der Via Watt 37 das **Bitte** 1 mit seinem abwechslungsreichen Programm (s. S. 106).

Flohmarkt
Jeden Samstag findet von 8.30 bis 18 Uhr in der Alzaia Naviglio Grande/Ecke Via Valenza die **Fiera di Senigaglia** 1 (www.fieradisinigaglia.it), Mailands ältester Flohmarkt, statt.

Gut essen und trinken
El Brellin: Vicolo dei Lavandai 14, Tel. 02 58 10 13 51, www.brellin.it, Mo–Sa 12.30–14.30, 19–1, So 12.30–15, Café Mo–Sa 19.30–2 Uhr, 45/50 €.
In der Via Ascanio Sforza finden sich zwei gute Adressen, das noble **Sadler** (Nr. 77, Tel. 02 58 10 44 51, Mo–Sa 19.30–23 Uhr, Menüs 130/175 €) mit exzellenter Weinkarte und fantasievoll zubereiteten traditionellen italienischen Gerichten. In der gemütlichen **Osteria Grand Hotel** (Nr. 75, Tel. 02 89 51 15 86, Di–So 19.30–22.30 Uhr, So auch mittags, Menü ca. 35 €) genießt man traditionelle italienische Küche und eine erstaunlich reiche Weinkarte (im Sommer auch draußen). Tagsüber kauft man in der **Vineria** 4 (Via Casale 4, www.la-vineria.it) Wein und Öl, abends kommt man zu Weinproben. Seit über 30 Jahren wird in der Underground-Atmosphäre des **Scimmie** 2 (Via Ascanio Sforza 49, Mo–Sa 20–2 Uhr, Restaurant bis 1.30 Uhr) nicht nur Jazz, sondern auch Funk, Rhythm & Blues und etwas Rock gespielt. Im Sommer kann man schön auf einem Kahn auf dem Naviglio sitzen.

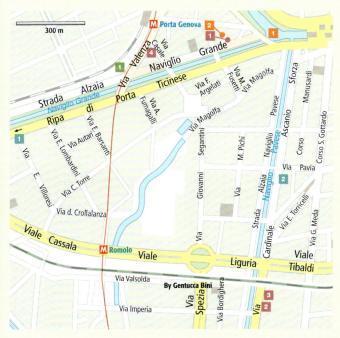

13 | Erholung und Kultur – rund um die Giardini Pubblici

Karte: ▶ G/H 3/4 | **Metro:** M1 Palestro, Porta Venezia, M3 Turati

Die Giardini Pubblici wurden Ende des 18. Jh. angelegt. Sie laden Besucher zu einer erfrischenden Pause im Großstadttrubel und zum Kunst- und Kulturgenuss in den Museen des Parks und seiner Umgebung ein.

In der schönen Jahreszeit trifft man sich in der Mittagspause auf eine Kleinigkeit in der rund um die Uhr wegen ihrer Lage gut besuchten **Bar Bianco** 1 . Hier sitzen Rechtsanwälte und Notare aus den vornehmen Palazzi des Corso Venezia, Babysitter mit edlen Kinderkarossen aus den feinen Wohnungen der Gegend, Studenten, Museumsbesucher und auch Bewohner aus der Gegend jenseits der Porta Venezia.

Die von Giuseppe Piermarini, dem Architekten der Scala, geplante Parkanlage im englischen Stil, die erste öffentliche der Stadt, wurde 1782 eröffnet. Der heute mehr als 170 000 m² große

13 | Giardini Pubblici

Erholungsraum nordöstlich des Zentrums besitzt einen schönen Baumbestand. Künstliche Felsen überbrücken den Höhenunterschied zu den Bastioni di Porta Venezia. Karussell und Eisenbahn machen den Garten auch für Kinder attraktiv.

Man erkundige sich, ob es etwa in dem Ende des 17. Jh. erbauten **Palazzo Dugnani** 1 eine Ausstellung gibt, denn dann sind seine schönen Tiepolo-Fresken zu bewundern. Das Filmmuseum ist leider weggezogen, aber das interessante **Civico Museo di Storia Naturale** 2, eines der bedeutendsten Naturkundemuseen Italiens, erwartet Besucher mit einer zoologischen, einer paläontologischen und einer besonders reichen mineralogischen Sammlung. Außerdem zeigt es Dioramen, Glasdisplays, in denen Naturlandschaften mit ihrer Fauna und Flora rekonstruiert wurden. Zu den Attraktionen zählen sieben vollständige Dinosaurierskelette und die Rekonstruktion eines Triceratops.

Gleich nebenan residiert in einem tempelartigen, ans Pantheon erinnernden, neoklassizistischen Gebäude das 1930 eingeweihte **Planetario Ulrico Hoepli** 3, eines der größten der Welt.

Moderne Kunst in klassizistischer Villa

In den Räumen der **Villa Belgiojoso Bonaparte** 4, auch Villa Reale genannt, einem weitläufigen, klassizistischen Stadtpalais im Süden des Parks, befindet sich die **Galleria d'Arte Moderna** (bzw. Museo dell'Ottocento, Museum des 19. Jh.) mit Werken vor allem italienischer Künstler des 19. Jh., sprich des Jahrhunderts der großen gesellschaftlichen Umwandlungen nach der Französischen Revolution und dem Beginn der Industriellen Revolution. Landschaftsbilder, Skulpturen und vor allem die vielen Porträts von Menschen, die das Jahrhundert geprägt haben, bringen uns diese Zeit nahe. Ein Großteil dieses Museums wurde durch Schenkungen zusammengetragen.

Im zweiten Stock wartet die sehr sehenswerte Collezione Grassi mit über 200 Bildern und Skulpturen, zumeist aus dem 19. Jh., aber auch mit früheren Werken auf Besucher.

Zur Villa gehört ein schöner englischer Park mit Pavillons und See – diesen dürfen Erwachsene nur in Begleitung von Kindern bis zwölf Jahre betreten! Hier ist es einmal umgekehrt: Kinder erlauben den Großen, den Park zu betreten – oder auch nicht …

Das angrenzende, 1954 vom Architekten Ignazio Gardella errichtete **PAC (Padiglione d'Arte Contemporanea)** 5, dient Ausstellungen zeitgenössischer Kunst.

›Corse delle Carozze‹

Auf dem breiten, aristokratischen **Corso Venezia** beförderten einst prachtvolle Kutschen *(carozze)* ihre Herrschaften zu den großartigen Patrizierhäusern. Hier bekommt man einen Eindruck vom reichen, aufgeklärten Mailand der letzten beiden Jahrhunderte. Man beachte den Jugendstil-**Palazzo Castiglioni** 6 (Nr. 47) und den neoklassizistischen **Palazzo Serbelloni** 7 (Nr. 16).

Im Zentrum Mailands und in den eleganten Wohngegenden entdeckt man immer wieder Art-Nouveau-Details. Besonders am Corso Venezia und in den umliegenden Straßen ›blühte‹ zu Be-

Übrigens: An einem langen Wochenende im Mai findet ›Orticola‹, eine Gartenschau mit Verkauf von Pflanzen und Blumen, in den Giardini Pubblici statt – ein buntes Vergnügen (www.orticola.org; tgl. 10–19 Uhr).

13 | Giardini Pubblici

ginn des 20. Jh. der Jugendstil, auf Italienisch *stile liberty*, wegen der steinernen Blumenornamentik auch *stile floreale* genannt – Ausdrucksmittel des neuen, reichen Bürgertums. In den kleinen Straßen hinter dem Corso überraschen uns kleine Parkanlagen: Plötzlich steht man staunend vor rosa Flamingos hinter schmiedeeisernen Gittern ...

In einer dieser Straßen, der Via Mozart, steht die in den 1930er-Jahren des vorigen Jahrhunderts von Portaluppi erbaute **Villa Necchi** 8 . Seit 2001 ist sie im Besitz des FAI, der sie 2008 dem Publikum geöffnet hat. Der FAI, Fondo per l'Ambiente Italiano, die Stiftung für italienisches Kulturgut nach dem Vorbild des englischen National Trust, macht geschenkte Villen, Schlösser, Klöster usw. der Allgemeinheit zugänglich. Die luxuriösen Räume der Villa Necchi, die bis ins Detail die ursprüngliche Einrichtung und Ausstattung beibehalten haben, erlauben einen Einblick in den privaten Lebensstil einer reichen Mailänder Industriellenfamilie. Stiftungen haben das schöne Anwesen mit bedeutenden, repräsentativen Bildern des 20. Jh. bereichert (u.a. De Chirico, Marino Marini).

Infos und Öffnungszeiten
Civico Museo di Storia Naturale: Corso Venezia 55, Tel. 02 88 46 33 37, www.assodidatticamuseale.it, Di–So 9–17.30 Uhr, 3 €, Sammelticket s. Musei del Castello S. 46
Planetario Ulrico Hoepli: Tel. 02 88 46 33 40, Mo–Fr 9–12 Uhr, 3 €
Palazzo Dugnani: Via Daniele Manin 2b, Tel. 02 79 92 24
Galleria d'Arte Moderna: Via Palestro 16, Tel. 02 88 44 59 47, www.gam-milano.com, Di–Sa 9–13, 14–17.30 Uhr, Eintritt frei
Villa Necchi: Via Mozart 14, Tel. 02 76 34 01 21, www.fondoambiente.it, Mi–So 10–18 Uhr, 8 € (Sammelkarte für die Museumshäuser s. S. 40, 15 €)

In der Nähe
Unter der Adresse Corso Venezia 10 findet sich die **Casa Fontana Silvestri** 9 , der einzige erhaltene Renaissancepalast aus der Sforza-Zeit. Die Gestaltung der Fassade, des Portals und des schönen Innenhofs wird Bramante zugeschrieben.

Nicht nur für Kinder interessant: das Museo di Storia Naturale

Für den kleinen Hunger
Bar Bianco 1 : östlich vom Weiher in Richtung Corso Venezia, tgl. 8–21.30 Uhr, kleine Speisen ab 4 €.
In der Via Marina/Ecke Via Palestro steht ein netter **Baretto** 2 , ein Kiosk mit Tischchen auf dem Bürgersteig. Hier gibt es morgens ab 7 Uhr Cappuccino und Brioche. Später dann *panini*, Toasts und kleine Tellergerichte (ab 3/4 €). Sauber, freundlich und günstig. Öffnungszeiten je nach Wetter bis abends. Dann trifft man sich hier zum Aperitif.

14 | Tor zu einer bunten Welt – die Porta Venezia

Karte: ▶ H–J 1–3 | **Metro:** M1 P.ta Venezia, Lima, Loreto, M2 Loreto

Das ehemalige Oststadttor, die Porta Venezia, ist heute die Grenze zwischen dem strengen, eleganten, neoklassizistischen Corso Venezia und dem lauten, bunten Corso Buenos Aires, der längsten Einkaufsstraße Mailands. Es ist auch das Tor zu einem multiethnischen Mailand mit vielen afrikanischen und indischen Restaurants und Geschäften.

Die längste Einkaufsmeile

An der **Porta Venezia** 1, dem im 19. Jh. monumental umgestalteten historischen Stadttor, beginnt der **Corso Buenos Aires**, die längste Einkaufsstraße Mailands mit mehr als 350 Geschäften. Hier finden Sie vor allem Mode zu weitaus günstigeren Preisen als im Zentrum. Der über 1 km lange Corso trennt zwei Welten: Das Viertel westlich der Straße ist eher volkstümlich, während östlich elegante Häuser gutbürgerlicher Mailänder Familien stehen.

Der Corso verläuft parallel zum alten Viertel Lazzaretto, das Ende des 19. Jh. Opfer einer der ersten großen Bauspekulationen wurde. Der Name erinnert an das riesige Lazarett, das hier im 16. und 17. Jh. die Pestkranken aufnahm. Alle Italiener kennen es aus dem Roman »Die Verlobten« von Allessandro Manzoni. Zwischen Via Lecco, Via Tadino und Via Panfilo Castaldi hat sich, beginnend vor 30 Jahren, langsam eine Casbah entwickelt. Aber kein Ghetto wie in anderen Mailänder Vierteln, in denen es jüngst auch zu großen Spannungen kam. Hier stehen eritreische, äthiopische, somalische und indische Restaurants neben italienischen, Multikultiläden neben alteingesessenen Geschäften oder ganz neuen Einrichtungen wie dem luxuriösen **Home Textile Emporium** 1 der Mailänder Stoffdesignerin Lisa Corti in der Via Lecco 2

14 | Porta Venezia

> **Übrigens:** Der Corso Buenos Aires mündet im Piazzale Loreto. Hierher wurden 1945 die Leichname des auf der Flucht erschossenen italienischen Diktators Benito Mussolini und seiner Liebsten, Claretta Petacci, gebracht und dem Volk gezeigt.

(www.lisacorti.com). Dieses quicklebendige Viertel ist ein Mix aus Tradition, Neuem und ›Anderem‹. Hier wohnen Handwerker, Künstler und Ausländer. Diverse Lokale – trendy, Underground, Vintage oder traditionell – bieten am Abend für jeden Geschmack etwas.

Art déco pur

Auf der anderen, der östlichen Seite in der Nähe der Porta Venezia befindet sich das spektakulärste Jugendstilhaus Mailands: die **Casa Galimberti** 2 in der Via Malpighi 3 mit ihren großen, auf Kacheln gemalten und von Pflanzen umgebenen Figuren. Benachbart, in der Viale Piave 42, steht das **Hotel Sheraton Diana Majestic** 1, ein prunkvolles Jugendstilgebäude: Vor allem Gäste aus der Modewelt beziehen hier ihr Quartier und könnten bei Brunnengeplätscher im verträumten Garten vergessen, dass sie sich mitten in der Stadt befinden. Im Sommer wird draußen gegrillt. Zum Aperitif sind hier auch Nicht-Hotelgäste willkommen.

Alle großen italienischen Maler des 20. Jahrhunderts

Nicht weit entfernt befindet sich die Stiftung **Casa-Museo Boschi di Stefano** 3. Auch dieses Haus wurde – wie die Villa Necchi (s. S. 66) – in den 1930er-Jahren von Piero Portaluppi erbaut. Das von Kunst besessene Ehepaar Antonio Boschi und Marieda Di Stefano hinterließ der Stadt eine außergewöhnliche Sammlung der italienischen Avantgarde des 20. Jh. bis in die 60er-Jahre, mit der es ihre große Wohnung angefüllt hatte. Etwa 200 der über 2000 Werke sind ausgestellt.

Infos und Öffnungszeiten
Boschi di Stefano: Via G. Jan 15, Tel. 02 20 24 05 68, www.fondazione boschidistefano.it, Di–So 10–18 Uhr, Eintritt frei

Köstliches Eis
Die High-End-**Gelateria Grom** 1 hat inzwischen fünf Eisdielen in Mailand, u. a. am Corso Buenos Aires 13, tgl. ab 11 Uhr

Aperitif in Vintage-Atmosphäre
Im **Mono** 1 in der Via Lecco 6 gibt es Cocktails in einer kleinen, im 1960er-Jahre-Stil eingerichteten Bar (Tel. 033 94 81 02 64, Di, So 18.30–1, Mi, Do bis 1.30, Fr, Sa bis 2 Uhr, Buffet zur Happy Hour, Cocktails 6 €).

15 | Von Grab zu Grab – Kunst auf dem Cimitero Monumentale

Karte: ▶ D/E 1 | **Tram:** 4, 12, 14, 29, 30, **Bus:** 41, 52, 70

Der einzige Friedhof Italiens, der offiziell als Museum gilt, heißt mit Recht ›Monumentale‹. Hier findet der Geschäftsmann die Gräber der Großväter seiner wichtigsten Partner, der Kunstinteressierte Skulpturen der bedeutendsten italienischen Bildhauer der letzten 150 Jahre, der Architekturfreund alle erdenklichen Baustile – von den antikisierenden bis zu den zeitgenössischen. Aus den Bussen vor dem majestätischen Friedhofstor strömen meist nicht Trauergäste, sondern Touristen.

Als nach der Einigung Italiens und dem stürmischen Beginn der Industrialisierung in Mailand ein schnell reich werdendes Großbürgertum heranwuchs, kam man auf eine zunächst als ›unsozial‹ beschimpfte Idee. Man legte zwei große Friedhöfe an: den **Cimitero Monumentale** für die Reichen, die sich eine prunkvolle, ›verewigende‹ Ruhestätte leisten konnten, und den Cimitero Maggiore mit endlosen Gräberfeldern für die ›gewöhnlichen‹ Bürger. Der ›Monumentale‹ avancierte mit der Zeit zum größten Skulpturen-Freilichtmuseum des Landes. Heute ist er eine Touristenattraktion, die man daher durchaus mit Berechtigung unter den Museen aufführen kann.

Manifestation von Wohlstand

Hinter dem schon bei seiner Einweihung 1866 umstrittenen Eingangsgebäude (250 m lang, 50 m hoch), dem **Famedio** 1, in dem berühmte Mailänder bestattet sind, und der Kirche, von Carlo Macciacchini in schwarz-weißem, neoromanischem Stil erbaut, beginnt ein großer, gepflegter Park mit vielen Lebensbäumen. Dazwischen manifestiert sich der zu Lebzeiten hinter strenger Würde verborgene Stolz auf den plötzlichen Reichtum in Totenhäusern und auf

15 | Cimitero Monumentale

Engel in den Wolken – auf dem Cimitero Monumentale

den mit Skulpturen geschmückten Gräbern. Das einzige Kriterium, hier bestattet zu werden, ist Geld: Darum gibt es – eine Rarität nicht nur in Italien – in der vorderen rechten Ecke vom Eingang aus gesehen auch einen Platz für Nichtkatholiken, in der linken Ecke für Juden. Auf dem weiten Areal ist fast der ganze ›Gotha‹ der lombardischen Industrie zur ewigen Ruhe versammelt.

Formen der Selbstdarstellung

Man wandert zwischen bizarren Gebilden: hier ein griechischer Tempel, dort eine Pyramide, rechts eine Sphinx, dann wieder eine Christusfigur. Es gibt Totenhäuser in byzantinischem, romanischem, gotischem und im Renaissancestil, mittelalterliche Trutzburgen, Riesenkatafalke im monumentalen Stil des Faschismus und viel Jugendstil, denn zu Beginn des 20. Jh. blühte in Mailand der *stile floreale* als Ausdruck eines aufstrebenden, reichen Bürgertums. Man stößt hier auf einen segnenden Christus, dort auf eine Pietà, dann auf ein Kind, das Puppe, Ball und Trompete in marmornen Händen hält. Und rechts und links immer neue Burgen, Mausoleen, moderne Glaspaläste. Über den oft mit Fotos der Verstorbenen versehenen Gräbern halten Engel aus Marmor und Bronze Wache.

Das ›Who's who‹ Mailands

Zuweilen trifft man auf berühmte Namen. Schon von Weitem sieht man Giannino Castiglionis Tafel, um die sich die Jünger zum letzten Abendmahl scharen. Sie schmückt das Grab der Familie Campari. In dem weißen, mit schönen Jugendstilfiguren dekorierten Totenhaus der Familie Toscanini ruht im obersten von drei Sarkophagen der 1957 gestorbene große Dirigent. Neben ihm seine Tochter und der Schwiegersohn, der Pianist Horowitz. Nicht weit davon entfernt, wandern »Ritter des Heiligen Grabes« im weißen Gewand um die Wand ihres Mausoleums. Über jedem steht der Satz: »Dio ti vuole!« (»Gott will Dich!«)

Wetteifern um den Ruhm

Den Entwurf und die Ausführung der Grabmäler übertrugen viele kunstverständige Hinterbliebene großen Künstlern, die nun mit den Toten wetteifern, wem der höchste Ruhm gebührt. Die bekannte Unternehmerfamilie Motta ließ von Giacomo Manzù Plastiken um einen Granitzylinder erschaffen, der nicht von ungefähr vage an den berühmten Mailänder *panettone* erinnert. Und wer erkennt schon in einem auferstehenden Christus und einem kopflosen, blau schimmernden Porzellanengel die Hand des Künstlers Lucio Fontanas, welche doch mit den Löchern und Schnitten, die sie in Leinwände trieb, berühmt wurde?

> **Übrigens:** In der **Via Varese** und der **Via Maroncelli** 1 öffnen immer mehr interessante Läden mit Design, Mode und Vintage-Mobiliar.

15 | Cimitero Monumentale

Auf dem am Eingang erhältlichen Plan findet man die spektakulärsten Grabstätten und die Namen der Meister. Darunter Adolfo Wildt, ein deutscher Professor an der Akademie Brera, der hier heute ebenso wie der Bildhauer Medardo Rosso im Teil für Nichtkatholiken begraben liegt; weitere Künstler sind u. a. Francesco Messina, Giò Pomodoro, Pietro Cascella, Fausto Melotti.

Fast immer trifft man Gruppen von Touristen, die in vielerlei Sprachen über die Kuriositäten des Cimitero Monumentale unterrichtet werden. So erfahren sie beispielsweise, wie schwer der marmorne Baldachin über der Grabstätte der Tuchhändlerfamilie Bocconi ist. Diese Familie gründete das eleganteste und größte Mailänder Kaufhaus, die Rinascente. Vor allem aber gründete sie die weit über Italiens Grenzen hinaus bekannte Wirtschaftsuniversität Bocconi und legte damit das Fundament für künftige ›Bewohner‹ des Cimitero Monumentale, die die Bocconi mit Erfolg besucht haben.

Öffnungszeiten
Cimitero Monumentale: www.monumentale.net (mit Friedhofsplan), Di–So 8–18, an Feiertagen 8–13 Uhr

Auf ein Gläschen!
Nicht weit entfernt vom Cimitero Monumentale liegt im Umkreis der Via Paolo Sarpi ›Chinatown‹ mit chinesischen Restaurants, Lebensmittel- und Ledergeschäften. Mitten drin lockt die uritalienische Enoteca **Cantine Isola** ❶ in der Via Paolo Sarpi 30 (Tel. 023 31 52 49, Mo geschl.) in der man sich zum Aperitif auf einen Wein trifft. Einziger Minuspunkt: Es gibt keine Sitzplätze. Trotzdem ist die Enoteca immer voll. Preis je nach Wein ab 3,60 € das Glas.

Oder doch lieber auf einen Cocktail in das **ATM Bobino** ❷ (Bastioni di Porta Volta 15, s. S. 105), eine beliebte Adresse mit Dachterrasse?

Noch mehr Mailand

Gebäude, Ensembles

Ca' Grande: Università Statale
▶ Karte 2, G 5–6
Via Festa del Perdono, M3 (Missori), Tram: 12, 27, Bus: 54, 60, 65, 94
Die Universität könnte nicht schöner untergebracht sein als in den Gemäuern des ehemaligen Ospedale Maggiore, das bis 1942 als Krankenhaus diente. Mit dem Bau des ›Großen Hauses‹ mit fast 300 m langer Fassade begann Filarete 1456 unter Francesco Sforza. Das riesige und für damalige Verhältnisse moderne Krankenhaus entstand für eine Stadt, die schon im 16. Jh. fast 100 000 Einwohner hatte. Die streng symmetrische Anlage mit einem Haupthof in der Mitte und zwei Trakten mit je vier Innenhöfen besitzt einen reichen Terrakottaschmuck.

Casa di Riposo Giuseppe Verdi
▶ B 4
Piazza Buoanarroti 29, Tel. 024 99 60 09, www.casaverdi.org, M1 (Buoanarroti, Wagner), Krypta tgl. 8.30–18 Uhr
Verdi, Italiens meistgeliebter Opernkomponist, ließ 1889 einen Alterssitz für mittellose Musiker errichten und nannte ihn »Mein liebstes Werk«. Von der Piazza blickt sein von Enrico Butti geschaffenes Porträtstandbild auf das Gebäude. In einer Kapelle des Innenhofs sind Verdi und seine zweite Frau, Giuseppina Strepponi, beigesetzt worden – die einzigen Toten Mailands, die nicht in einer Kirche oder auf einem Friedhof ruhen. Die Krypta kann man so besichtigen, für den Ehrensaal und die anderen Räume muss man einen Termin vereinbaren (nur in Gruppen).

Cascina Cuccagna ▶ J 7
Via Cuccagna/Ecke via Muratori, Tel. 02 54 11 87 33, www.cuccagna.org.
Aus einem großen, restaurierten Bauerngehöft aus dem 17. Jh., das wie ein Wunder zwischen Neubauten stehenblieb, ist ein spannendes Projekt geworden. Seit kurzem gibt es auch eine Jugendherberge mit 8 Betten, sowie ein Restaurant, eine Bar und Geschäfte, die Bioprodukte, Fairfood und Handwerk verkaufen. Organisiert werden ein Bauernmarkt, Konzerte und die verschiedensten Events und das mit viel Enthusiasmus.

Grattacielo Pirelli ▶ H 1
Piazza Duca d'Aosta, M2, M3 (Stazione Centrale)
Manhattans Skyline stand schon lange, als man in Mailand zum ersten Mal das alte Gebot brach, kein Gebäude dürfe höher sein als die goldglänzende Madonnina auf der höchsten Spitze des Doms. 1955 erbaute Giò Ponti, der zur Ikone des

---

Der frühere **Jugendstilbahnhof** wurde als Kornspeicher in Vizzola Ticino, nahe dem Flughafen Malpensa, wieder aufgebaut und dient heute, prächtig restauriert, als Hotel (www.hotel-villamalpensa.it).

Noch mehr Mailand

industriellen Mailands und des Wirtschaftswunders wurde, den ästhetisch gelungensten Wolkenkratzer der Stadt (127 m hoch) am Hauptbahnhof, der 50 Jahre lang der höchste der Stadt war.

Piazza dei Mercanti ▶ Karte 2, F 5
M1, M3 (Duomo)
Früher war die Piazza größer, ihr ältester Bau, der Palazzo della Ragione (Broletto) von 1233, stand in ihrer Mitte. Dann riss der Bau einer Straße zwischen dem Domplatz und der Piazza Cordusio die Piazza dei Mercanti auseinander. So steht nun der Palazzo dei Giuresconsulti (16. Jh.), einst die vierte Seite der Piazza, in der Via Mercanti. Zur Zeit der Kommune, als Mailand eine freie und mächtige Stadt war, diente der Palazzo della Ragione als Rathaus. Im 17. Jh. wurde der Loggia, über der sich ein Saal befand, noch ein Stockwerk aufgesetzt. Heute finden in der Loggia oft Ausstellungen statt. Man beachte das kleine Relief mit der »Scrofa semilanuta«, einem halb mit Wolle bedeckten Wildschwein. Einer Legende nach soll Mailand an der Stelle gegründet worden sein, an der dieses magische Tier stand. Das Reiterrelief auf der anderen Seite des Broletto mit Stadtvogt Oldrado da Tresseno soll Benedetto Antelami, einer der größten Bildhauer des 13. Jh. geschaffen haben. Gegenüber stehen die Loggia degli Osii von 1316 mit schwarzweißem Marmorschmuck und der Palazzo delle Scuole Palatine von 1645. In der Casa dei Panigarola (15. Jh.) ist heute ein Restaurant untergebracht.

Piazza San'Alessandro
▶ Karte 2, F 5
M3 (Missori), M1 (Duomo)
Zwischen der belebten Via Torino und der verkehrsumtosten Piazza Missori wirkt die kleine Piazza wie eine Oase der Ruhe. Die Barockfassade der innen eher düsteren Kirche dominiert den Platz, der seinen Charakter des 18. Jh. mit schönen Patrizierhäusern bewahrt hat.

Rotonda della Besana ▶ H 5/6
Viale Regina Margherita, bei Veranstaltungen geöffnet, Tram: 9, 29, 30
Die spätbarocke Rotonda della Besana wurde Anfang des 18. Jh. als Friedhofskirche für das Ospedale Ca' Granda erbaut. Die Kirche in griechischer Kreuzform um den runden Altarraum umgibt ein Porticato aus rotem Backstein. Als

Neuer Treffpunkt für Umweltbewusste und Kulturinteressierte: Cascina Cuccagna

Noch mehr Mailand

der Friedhof 1788 geschlossen wurde, begann die Rotonda eine neue, kuriose Laufbahn. Zunächst von Napoleons Bruder als Pantheon der Grande Nation im besetzten Italien geplant, wurde sie zur Kaserne und später zur Wäscherei für das Krankenhaus umfunktioniert. Seit 2002 dient die entweihte Kirche städtischen Ausstellungen, Events und Veranstaltungen für Kinder. Der einstige Friedhof ist zum Spielplatz für Mütter und Kinder geworden.

Stazione Centrale F. S. ▶ H 1
Piazza Duca d'Aosta,
M2, M3 (Stazione Centrale)
Der Architekt Ulisse Stacchini formulierte sein Bauprojekt für den neuen Hauptbahnhof in alexandrinischen Versen. Entsprechend bombastisch wirkt das 1912 begonnene, von den römischen Caracalla-Thermen inspirierte, mit patriotischen Mosaiken geschmückte Bauwerk, einer der größten Kopfbahnhöfe Europas. Erst 1931 wurde er eingeweiht und passte glänzend zu Mussolinis ›Großmannsträumen‹.

Torre Velasca ▶ Karte 2, F 5/6
Piazza Velasca 5, M3 (Missori)
Das Wohn- und Bürogebäude ist mit 106 m einer der prägenden Bauten der Mailänder Skyline. In den 1950-er Jahren vom Architektenstudio BBPR entworfen, erinnert seine Silhouette an mittelalterliche Wehrtürme. Aus strukturellen Gründen wurden die obersten sechs Stockwerke den übrigen wie der Hut eines Pilzes ›aufgepfropft‹. Dank der Pfeiler, die den oberen Teil abstützen, bekam der Turm von den Mailändern den Spitznamen ›Grattacielo della Giarettiera‹ (›Strumpfhalter-Hochhaus‹). Das Gebäude polarisiert die Bevölkerung, es wird geliebt und gehasst. Unabhängig davon ist es ein interessantes, ja originelles Gebäude, das an die Zeit der Visconti erinnert.

Stadtteile

Chinatown ▶ D/E 2
rings um die Fußgängerstraße Via Paolo Sarpi; www.cinamilano.it (auch auf Englisch)
Um 1920 kamen die ersten chinesischen Einwanderer, heute sind es über 17 000. Im Gegensatz zu anderen Chinatowns wohnten hier immer auch Italiener.

Quartiere Isola ▶ F/G 1
M2 (Garibaldi), M 3 (Zara)
Das ehemals durch die Bahnlinie abgeschnittene Arbeiterviertel Isola hat dank der isolierten Lage seinen alten mailändischen, etwas dörflichen Charakter bewahrt. Als hier die Fabriken schlossen, ist das Viertel nicht ausgestorben, vielmehr entwickelten sich neue Strukturen. Zu den ›echten‹ alten Trattorien haben sich neue Restaurants und Lokale gesellt. Kunstgalerien wurden eröffnet. Das Teatro Verdi (www.teatrodelburratto.it) bietet ein interessantes alternatives Programm. Hier leben Alteingesessene und Neuzugezogene. Der Stadtteil ist belebt, tagsüber dank seiner Geschäfte und einem regen Wochenmarkt und abends auch dank Lokalen wie dem berühmten Blue Note (s. S. 109)

In nächster Nähe wächst ein komplett neues Viertel mit etlichen Hochhäusern jeden Tag ein Stück weiter in

---

Findige Unternehmer haben ein ehemaliges Bankgebäude in der Via Bassano Porrone 6 umgewidmet.
Unter dem Dach von **Le Banque** befinden sich heute Disco und Lounge Bar (Tel. 02 86 99 65 65, www.lebanque.it).

Noch mehr Mailand

Die Abbazia di Chiaravalle hat viel von ihrem frühgotischen Erscheinungsbild französischer Prägung bewahrt, darunter einen schönen Kreuzgang

die Höhe. Das neue Verwaltungszentrum der Region Lombardei wird mit seiner Höhe von 161 m den bislang höchsten Mailänder Wolkenkratzer, den Grattacielo Pirelli, übertrumpfen.

Zona Affari ▶ E/F 5
M1 (Cordusio)
Im ›Finanzkarree‹ zwischen Scala und Piazza Cordusio stehen die gewaltigen Palazzi der Banken und die ehemalige Börse. Seitdem der Börsenhandel online abgewickelt wird, dient der bombastische, mit einer Fassade aus weißem Marmor versehene Palazzo Mezzanotte (1932) mit seiner berühmten ›sala delle grida‹ als Kongresszentrum. Bei den Restaurierungsarbeiten fand man die Reste eines römischen Amphitheaters. Der riesige Mittelfinger aus Marmor von Maurizio Cattelan löste einen Eklat aus, bleibt aber vor der Börse stehen.

Zona Tortona ▶ C–D 6–7
www.zonatortona.net, M2 (Porta Genova)
Hinter der Stazione di Porta Genova zwischen der Via Savona und der Via Tortona residieren heute in großen ehemaligen Fabrikhallen die Showrooms der Modezaren, Fotoateliers und Lokale. Es begann mit dem riesigen, sogenannten ›Superstudio‹, das jegliche nur erdenkliche Kulisse für Shootings anbietet. Staunend sahen die Alteingesessenen hier immer mehr Models auf dem Weg zum ›Teatro Armani‹ oder zum Laufsteg von Ermenegildo Zegna an ihren Krämerläden vorbeiziehen. Schrauben werden in der Zona Tortana jedenfalls nicht mehr produziert ... Während der Möbelmesse findet hier der ›Fuori Salone Zona Tortona‹ mit Design Events statt (www.fuorisalone.it).

Noch mehr Mailand

Kirchen

Abbazia di Chiaravalle
▶ südlich K 8
Via Arialdo (am südlichen Stadtrand), Tel. 02 57 40 34 04, www.chiaravalle-milano.it, M3 (Piazzale Corvetto), dann Bus: 77, Di–Sa 9–11.45, 15–18.45, So, feiertags ab 10.30 Uhr
In der Ebene südlich von Mailand stehen heute noch einige alte Klöster, die im Mittelalter rege Zentren kulturellen Lebens waren und im Angriffsfall – gut befestigt – auch Schutz boten. Die Abbazia di Viboldone (www.viboldone.it) mit einem Freskenzyklus des 14. Jh. und die ehemalige Abbazia di Mirasole (www.cascina-mirasole.it) wurden Ende des 12., Anfang des 13. Jh. von den Umiliati, einem lombardischen Mönchsorden, gegründet.

Die wichtigste Zisterzienserabtei, die Abbazia di Chiaravalle, wurde 1135 von Bernhard von Clairvaux gegründet. 1796, in der Repubblica Cisalpina Napoleons, wurden die Mönche verjagt, das Kloster säkularisiert und zur Kaserne und zum Stall umfunktioniert. Seit 1952 wird es wieder von Zisterziensern bewohnt und ist öffentlich zugänglich. Schön sind der Kreuzgang und die Fresken von Bernardino Luini im gotischen Innern. Nebenan verkaufen die Mönche ihren selbst gebrannten Schnaps und landwirtschaftliche Produkte.

Cripta di San Giovanni in Conca ▶ F 5
Piazza Missori, Metro: M 3 Missori, Di–Sa 9.30–17.30 Uhr, Eintritt frei
Von der frühchristlichen, mehrmals zerstörten und wieder aufgebauten Kirche steht heute nur ein kleiner Rest der Apsis auf einer Verkehrsinsel mitten auf der Piazza Missori. Ein Teil ihrer abgerissenen Fassade schmückt heute die Waldenser Kirche in der Via Francesco Sforza. Seit kurzem kann man aber die interessante romanische Krypta besichtigen.

San Bernardino alle Ossa ▶ Karte 2, G 5
Via Verziere 2, M3 (Missori), Tram: 12, 27, Bus: 54, 60, 65, 94
Makabrer Barock: Man tritt ahnungslos in den oktogonalen Zentralbau mit zwei Kapellen und einer Krypta, geht rechts durch einen kleinen Gang und betritt diesen quadratischen Raum – und es verschlägt einem den Atem. Die Wände sind von oben bis unten mit Knochen und Totenschädeln bedeckt. Die ursprüngliche Kirche aus dem 13. Jh. war die Friedhofskirche mit angrenzendem Beinhaus des nahegelegenen Krankenhauses und wurde im 17. Jh. komplett renoviert. Die skurrile Kapelle, in der die Gebeine ordentlich angeordnet Muster bilden, begeisterte 1738 den König von Portugal so sehr, dass er in Evora bei Lissabon ein Pendant errichten ließ.

San Marco ▶ Karte2, F 3
Piazza San Marco, M2 (Lanza), Bus: 61
Neben der Kirche aus dem 13. Jh. steht das ehemalige Augustinerkloster, in dem Luther auf seinem Weg nach Rom weilte. Auch Mozart hat hier bei seiner ersten Italienreise gewohnt. Sehenswert sind im Innern der von Giovanni di Balduccio gefertigte Sarkophag und ein Fresko mit einer Kreuzigung.

Santa Maria della Passione ▶ H 5
Via Conservatorio, Bus: 54, 61
Die 1486 nach einem Entwurf von Giovanni Battigio aus Lodi – der sich wiederum an Zentralbauten Bramantes orientierte – begonnene Kirche wurde 1573 erweitert, indem man den ursprünglichen Grundriss eines griechischen Kreuzes in ein lateinisches umwandelte. Jetzt gilt sie nach dem

Noch mehr Mailand

Dom als die größte Kirche der Stadt, in der man Fresken und Gemälde vieler lombardischer Künstler größtenteils aus dem 16. Jh. findet. In dem ehemaligen Kloster ist neben dem Kirchenmuseum das Conservatorio di Musica Giuseppe Verdi untergebracht.

Museen

Civico Museo Archeologico
► E 5
Corso Magenta 15, Tel. 02 86 45 00 11, www.comune.milano.it/museo archeologico, Di–So 9–13, 14–17.30 Uhr, 5 €. Jeden Freitagnachmittag ist der Eintritt frei (Sammelticket s. S. 46).
Das Archäologische Museum zeigt – überschaubar angeordnet – eine römische, eine griechische und eine etruskische Abteilung. Neu hinzugekommen ist eine kleine Sammlung buddhistischer Kunst Gandharas. Die Exponate aus römischer Zeit stammen hauptsächlich aus städtischen Funden. Zu den wichtigsten Exponaten gehören eine große silberne Opferschale, die ›Patera di Parabiago‹, und ein polychromes Diatretglas mit der Inschrift »Bibe Vivas Multis Annis« – »Trinke, auf das Du viele Jahre lebest!«.

Civico Museo del Risorgimento ► Karte 2, F 3/4
Via Borgonuovo 23, Tel. 02 88 46 41 80, www.museodelrisorgimento.mi. it, M3 (Monte Napoleone), Tram: 1, 2, Di–So, Feiertage 9–13, 14–17.30 Uhr, 2 €, unter 18-Jährige und freitagsnachmittags gratis, Sammelkarte s. S. 46

Zwei der sieben »Himmelspaläste« von Anselm Kiefer im Hangar Bicocca

Noch mehr Mailand

Gleich hinter der Brera befindet sich im Palazzo Moriggia das Museo del Risorgimento. Hier bilden Drucke, Gemälde, Zeichnungen, Skulpturen, Waffen usw. die historische Sammlung aus der Zeit des italienischen Risorgimento: vom ersten Feldzug Napoleons bis zur Einigung Italiens.

Dialogo nel Buio ► H 4
Im Istituto dei Ciechi, Via Vivaio 7, Tel. 02 76 39 44 78, www.dialogonelbuio.org, M1 (Palestro), Tram: 23, telefonische Buchung: Di–Fr 9–17, Sa 9–19.15, 15–18, So 13.30–20.30 Uhr. Führungen auf Italienisch, nach vorheriger Vereinbarung auch auf Englisch möglich, Di–Fr 9–17, Do, Fr auch 19–23, Sa 9–23.30, So 13.30–20.30 Uhr (man muss mind. 30 Min. vor Beginn da sein), 15 €, Do–Sa 18.30–23 Uhr mit Aperitif und Lifemusik im Cafénoir 20 €

In völlig abgedunkelten Räumen führen blinde Menschen durch die Ausstellung: Düfte, Töne, Temperaturen, Wind, Texturen. Sehende entdecken das Unsichtbare. Man kann auch ein Dinner im Tratto Nero im Dunkeln buchen – eine kulinarische Reise in völliger Dunkelheit. Ein Erlebnis! 55 €.

Forma ► E 7
Piazza Tito L. Caro 1, Tel. 025 81 18 06, 02 89 07 54 20, www.formafoto.it, Tram: 3, 9, 15, 29, 30, Metro: M 2 Porta Genova, Di–So 10–20, Do, Fr bis 22 Uhr

Das internationale Fotografiezentrum Forma ist eine Mischung aus Museum und Galerie. Es bietet wichtige Ausstellungen, Workshops, Konferenzen und vieles mehr. Nebenan locken das elegante, minimalistische Restaurant und die Bar Forma Moods (Tel. 34 55 53 58 23) mit kreativer Küche und einer interessanten Weinkarte.

Gallerie d'Italia ► F 4
Eingang: Via Manzoni 10, Di–So 9.30–19.30 Do bis 22.30. Bis April 2012 ist der Eintritt frei.

In drei zusammenhängenden, reich geschmückten, klassizistischen Palazzi sind Exponate aus den Sammlungsbeständen der Bankstiftung Intesa San Paolo ausgestellt. Es beginnt mit 13 Halbreliefs von Canova, dann kommen Gemälde vor allem über die Geschichte Mailands mit schönen Stadtansichten und das Leben im 19. Jh. bis zu Bildern von Boccioni (Anfang 20. Jh).

Hangar Bicocca ► nördl. H 1
Via Chiese 2 (Seitenstraße der Viale Sarca), Tel. 02 66 11 15 73,, www.hangarbicocca.it, M1 (Sesto Marelli), dann weiter mit Bus: 51 oder M3 (Zara), dann Tram: 31 bis Ecke Via Chiese, von hier zu Fuß oder Bus: 51

Die »Sette Palazzi Celesti« von Anselm Kiefer kamen 2004 als Dauerinstallation nach Mailand. Die riesige ehemalige Industriehalle mit ihren sieben monumentalen Türmen aus Zement wirkt wie eine Kathedrale.

Museo d'Arte e Scienza
► Karte 2, E 4
Via Q. Sella 4, Tel. 02 72 02 24 88, www.museoartescienza.com, M1 (Cairoli), M2 (Lanza), Tram: 1, 14, Bus: 57, 70, 94, Mo–Fr 10–18 Uhr, 8 €

Dieses von Gottfried Matthaes aus Dresden konzeptionierte didaktische Museum für Kunst und Wissenschaft zeigt an Beispielen, wie man Kunstfälschungen erkennen kann. Interessant ist auch die Dauerausstellung über Leonardo da Vinci. Alle Erklärungen und Informationen auch auf Deutsch.

Palazzo Morando: Costume, Moda e Immagine ► Karte 2, G 4
Via Sant'Andrea 6, Tel. 028 46 59 33,

Noch mehr Mailand

Das Museo Nazionale della Scienza e della Tecnica mit seinen spannenden Ausstellungen ist das größte Wissenschafts- und Technikmuseum Italiens

02 88 46 57 35, www.museidelcentro.milano.it, M3 (Monte Napoleone), M1 (San Babila), Di–So 9–13, 14–17.30 Uhr, Eintritt frei

Das interessante Museum (ehemals Museo di Milano) dokumentiert die Geschichte Mailands vom Spätbarock bis zum Anfang des 20. Jh. mit anschaulichen Bildern, Porträts berühmter Mailänder und Stadtansichten. Im Appartamento Monumentale sind Gemälde und chinesisches Porzellan zu sehen. Neu sind die historischen Kostüme und Uniformen, die es beleben. Sie gehören zur riesigen Sammlung im Besitz der Stadt Mailand und sollen im Drei-Monats-Rhythmus ausgewechselt werden. Seit Jahren träumt man hier nämlich von einem Modemuseum, das den Stil der Stadt vom 18. bis Anfang des 20. Jh. dokumentiert. Im Erdgeschoss wechselnde Ausstellungen zu den Themen Sitten und Mode.

Museo und Tour San Siro

▶ westlich A 2/3

Via Piccolomini 5, Gate 14, Tel. 024 04 24 32, www.sansiro.net, www.acmilan.com, www.inter.it, Tram: 16, tgl. 10–17 Uhr sowie zwei Stunden vor Beginn der Fußballspiele, Eintritt (nur Museum) 7 €, komplette Stadiontour 12,50 €

Das Museum befindet sich im Stadio Giuseppe Meazza, das die Mailänder wie eh und je San Siro nennen. Das Stadion, ein gewaltiger Bau mit acht Türmen, die den oberen Zuschauerring und die Dachkonstruktion tragen, ist im Rahmen einer Tour, die auch das Spiel-

Noch mehr Mailand

feld einschließt, zu besichtigen. Die verschiedenen Räume und Säle des Museums erzählen mit Hilfe von Fotos, Trophäen und Fahnen die Geschichte der beiden berühmten Fußballmannschaften Inter und Milan.

Museo Nazionale della Scienza e della Tecnica Leonardo da Vinci ▶ D 5
Via San Vittore 21, Tel. 02 48 55 51, www.museoscienza.org, M2 (Sant'Ambrogio), Bus: 94, Di–Fr 9.30–17, Sa, So, Feiertage 9.30–18.30 Uhr (Kasse schließt jeweils 30 Min. vor Ende der Besuchszeit), 10 €

Das Museum ist nach Leonardo da Vinci, dem Universalgenie der Renaissance, benannt und sein Herzstück ist die Leonardo-Galerie (s. S. 51). Historische Kollektionen und alles, was Wissenschaft und Technik vom 15. Jh. bis heute hervorgebracht haben, sind hier zu sehen. In dem ehemaligen Klostergebäude ist auch das **Museo Navale Didattico** mit Schiffsmodellen untergebracht. Man kann das riesige U-Boot ›Enrico Toti‹ (gebaut Ende der 1960er-Jahre) von innen besichtigen.

Pinacoteca Ambrosiana
▶ Karte 2, F 5
Piazza Pio XI 2, www.ambrosiana.it, Tel. 02 80 69 21, Di–So 10–18, letzter Einlass 17 Uhr, M1 (Cordusio), M3 (Duomo), 15 €

Das kulturelle und geistige Leben im 16. Jh. war von den gegenreformatorischen Kardinälen Carlo und Federico Borromeo geprägt. Der Kunst liebende Federico Borromeo begründete die bedeutende Ambrosianische Bibliothek, eine der ersten öffentlichen Bibliotheken Europas. Sie verwahrt wichtige Bücher, Manuskripte und frühe Handschriften, darunter den »Codex Atlanticus« von Leonardo.

Die Pinakothek umfasst Werke von Botticelli, Tizian, Tiepolo, den »Obstkorb« von Caravaggio, ein für seine Zeit revolutionäres Stillleben, den einzigen erhaltenen Karton von Raffaels »Schule von Athen« im Vatikan sowie das einzige Tafelbild, das Leonardo in Mailand gemalt hat: das »Porträt eines Musikers«.

Parks und Gärten

Eine Stadtlegende berichtet, das einzige Grün in Mailand sei das Grün der Ampeln. Das stimmt nicht ganz, doch grüne Erholungsräume sind hier weitgehend privat und hinter hohen Mauern und Häuserfronten verborgen. Manchmal erhascht man aber einen Blick auf verwunschene, völlig unerwartet auftauchende Gärten, und blickt man nach oben, so kann man immer wieder Bäume auf Dachterrassen erspähen.

Parco Sempione s. S. 47,
Giardini Pubblici s. S. 64.

Idroscalo (Idropark Fila)
▶ östlich K 4
Hinter dem Flughafen Linate, Via Circonvallazione 29, Juni–Sept., Bus: 73 bis Linate, dann Bus: 183 (8–20 Uhr alle 15, feiertags alle 10 Min.)

Der Idroscalo ist die große, grün-blaue Lunge und wird auch ›il mare dei milanesi‹ (›das Meer der Mailänder‹) genannt, denn das ist er für viele, die sich einen richtigen Urlaub am Meer nicht leisten können. Der 2,6 km lange See wurde 1927 für Wasserflugzeuge geschaffen. Heute dient er allen möglichen Sportarten. Daneben gibt es auch Schwimmbäder, Tennis- und Spielplätze, Restaurants, Discos, Pizzerien und Bars.

Ausflüge

Bergamo ▶ Karte 4

Schon von Weitem lockt Bergamo den Besucher mit seinen eindrucksvollen Festungsmauern und Türmen. Wenn man ankommt, trifft man auf zwei ganz unterschiedliche Stadtteile: auf das reiche, saubere, bis auf die großartige Gemäldesammlung in der 200-jährigen Accademia Carrara (die zur Zeit leider wegen Restaurierungsarbeiten geschlossen ist) wenig interessante **Bergamo Bassa** und darüber, auf einem Hügel gelegen, auf die faszinierende **Città Alta.** Dort wandert man durch enge, verwinkelte Sträßchen bis ins Zentrum, zur Piazza Vecchia, auf der ein Markuslöwe verrät, dass Bergamo lange zu Venedig gehörte.

Hier muss man sich entscheiden, ob man lieber durch die alten Gassen schlendern und den weiten Blick auf das zu seinen Füßen liegende Land genießen möchte oder ob man sich von der pittoresken Asymmetrie der Bauten rings um die **Piazza del Duomo** verführen lässt. Auf der östlichen Seite des Platzes liegt der mehrfach umgebaute Dom, nördlich davon der Palazzo della Ragione. Auf der westlichen Seite stehen ein winziges Baptisterium aus dem 14. Jh. und die romanische Basilika Santa Maria Maggiore sowie der erste lombardische Renaissancebau, die Capella Colleoni, das Grabmal des bergamaskischen Kriegsmannes Colleoni. Ihm zu Ehren schuf Verrocchio im Auftrag der Serenissima das Reiterdenkmal in Venedig. Die Basilika ist ein architektonisches Kunstwerk voller kostbarer Schätze. Besonders hervorzuheben sind die Intarsiengemälde Lorenzo Lottos an den Chorschranken vor dem Altar.

Bergamos sehenswerte Altstadt liegt malerisch auf einem Hügel

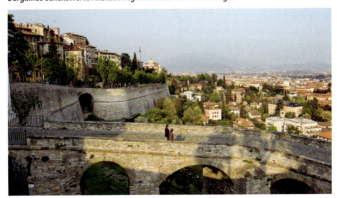

Ausflüge

Infos
Touristinformation: Bergamo Alta, Via Gombito 13, Tel. 035 24 22 26; Bergamo Bassa, Piazzale Marconi 1, Tel. 035 21 02 04, www.comune.bergamo.it
Anreise: mit dem Auto über die A 4 (ca. 45 Min.); mit dem Zug von der Stazione Centrale (ca. 60 Min)

Monza ▶ Karte 4

Obwohl Monza einen königlichen Palast mit einem der größten europäischen Parks besitzt, obwohl hier die wichtigste Formel-1-Rennbahn Italiens und eine der bedeutendsten der Welt liegt, obwohl die Eiserne Krone, mit der die italienischen Könige vom Mittelalter bis in die Napoleonische Zeit gekrönt wurden, in Monzas Dom aufbewahrt wird, hat die Stadt immer im Schatten ihrer großen Nachbarin Mailand gestanden. 2004 ist es der drittgrößten Stadt der Lombardei mit 120 000 Einwohnern endlich gelungen, Provinzhauptstadt zu werden. Doch auch schon zuvor hatte Monza seine Autonomie bewahrt. Obwohl mitten in der mailändischen Diözese gelegen, hat Monza den römischen Ritus nie abgelegt, um ambrosianisch zu werden. Und mitten in einem ständig wachsenden Industriegebiet hat es etwas vom Glanz einer bedeutenden Stadt bewahrt. Das liegt an der in den letzten Jahrzehnten gut restaurierten Villa Reale und an dem prachtvollen, riesigen Park, der für smoggeplagte Mailänder das nächste Ausflugsziel ist. In dem 750 ha großen **Parco di Monza** befinden sich Wiesen, Wälder, Höfe, kleine Seen, ein Golfplatz, eine Pferderennbahn und die berühmte, von Umweltschützern immer wieder angefochtene Autorennbahn. Die unter Maria Theresia errichtete **Villa Reale** war später eine der Sommerresidenzen des italienischen Königshauses. Hier wurde König Umberto I. im Juli 1900 von einem Anarchisten erschossen.

Im **alten Stadtkern** sind der Arengario, das gotische, leider massiv restaurierte Stadthaus und einige Kirchen sehenswert, doch das wichtigste Gebäude ist der **Dom.** Der katholischen Theodolinde, Königin der Langobarden, ist die schönste Kapelle des Doms gewidmet. Fresken aus dem 15. Jh. erzählen aus ihrem Leben. Im Tabernakel des Altars wird die wichtigste Reliquie der Stadt aufbewahrt: die kostbare, reich mit goldener Filigranarbeit versehene und mit Edelsteinen besetzte Eiserne Krone, deren inneres Eisenband der Überlieferung nach aus einem Nagel vom Kreuze Christi geschmiedet ist. Sie zierte die Häupter aller Herrscher des Heiligen Römischen Reiches Deutscher Nation seit dem 13. Jh. Man sollte unbedingt in das **Museo Serpero** hinabsteigen, dessen Domschatz zu den reichsten Italiens gehört. Das schönste Objekt ist die »Henne mit sieben Küken« aus vergoldetem Silber (6./7. Jh.).

Infos
Touristinformation: Palazzo Comunale, Piazza Carducci, Tel. 039 32 32 22, www.promonza.it
Anreise: etwa 12 km nördlich von Mailand. Mit dem Auto ab Piazzale Lagosta (F 1) über die Viale Zara und weiter über die Viale Fulvio Testi immer geradeaus (Fahrtzeit hängt stark vom Verkehrsaufkommen ab); mit dem Zug von der Stazione di Porta Garibaldi (12 Min.) oder Stazione Centrale.

Pavia ▶ Karte 4

Die dominierenden Farben in der alten Gelehrtenstadt am Ufer des Ticino, die schon unter Theoderich eine berühmte

Ausflüge

Schule für Rhetorik und Rechtswissenschaften besaß, sind Rot und Gelb: Sandstein und Backstein. Ende des 14. Jh. gründete Gian Galeazzo Visconti hier die **Universität,** die bis zum Beginn des 20. Jh. die einzige in der Lombardei bleiben sollte. Er ließ auch das Kastell und als seine Grabstätte ein Kartäuserkloster, die **Certosa di Pavia,** erbauen, deren Ruhm den der städtischen Kirchen in den Schatten stellt. Die Kathedrale von Pavia besitzt eine achteckige mächtige Kuppel.

Die wohl schönste und älteste Kirche der Stadt ist aber **San Michele.** Der von den Langobarden als Krönungskirche begonnene Bau wurde nach Bränden und Zerstörungen im 12. Jh. im romanischen Stil wieder aufgebaut. Aus der Gründungszeit blieb nur die Sandsteinfassade mit den leider sehr verwitterten Reliefs erhalten, die Tiere und Fabelwesen zeigen.

Neun **Geschlechtertürme** recken sich in der einstigen ›Stadt der 100 Türme‹ noch immer in den Himmel. Fünf Kollegiengebäude, zur Zeit der Renaissance für Studenten erbaut, dienen noch heute diesem Zweck.

Infos

Touristinformation: Palazzo Broletto, Piazza della Vittoria, Tel. 03 82 59 70 01/02, www.turismo.provincia.pv.it
Anreise: Mit dem Auto fährt man die Statale 35 Milano–Pavia (etwa 30 Min. Fahrt). Die Certosa di Pavia liegt etwa 8 km nördlich von Pavia im Ortsteil Certosa di Pavia (hier an der zweiten Ampel links abbiegen). Mit dem Bus erreicht man Pavia ab der Viale Bligny. Will man zur Certosa, steigt man an der Hauptstraße aus und läuft ca. 5 Min. Den Zug nimmt man ab der Stazione Centrale oder der Stazione di Porta Garibaldi (ca. 35 Min.). In Certosa halten nur Lokalzüge. Vom Bahnhof sind es dann etwa 10 Min. zu Fuß bis zur Kartause.
Öffnungszeiten der Certosa di Pavia: Nov.–Feb. Di–So 9–11, 14.30–16.30, März 9–11.30, 14.30–17, April–Okt. 9–11.30, 14.30–17.30, Mai–Aug. 9–18 Uhr

Lockt nicht nur Touristen an mit ihrer netten Atmosphäre und den zahlreichen Lokalen: die Piazza della Vittoria e Broletto in Pavia

Zu Gast in Mailand

Zuallererst lädt Mailand natürlich jeden Besucher in seinen ›salotto‹ ein, in die Galleria Vittorio Emanuele, die berühmteste Einkaufspassage Italiens. Sie bietet Eleganz und Luxus, lockt mit Cafés und Restaurants und verbindet den Dom mit dem Tempel der Musik, der Scala.

Übernachten

Mailand hat zwar eine beachtliche Bettenkapazität, doch in Messezeiten (vor allem während der Möbelmesse) sind die meisten Hotels ausgebucht. Darum empfiehlt es sich dringend, lange im Voraus ein Zimmer zu reservieren! In ruhigeren Zeiten hat man evtl. sogar die Chance, an der Rezeption über den Preis zu verhandeln, der dann bis zu 40 % niedriger werden könnte.

Extravagant und luxuriös

Das Angebot an teuren, guten Hotels mit jeglichem Komfort und renommierter Küche ist ausgezeichnet. In der Hauptstadt der Mode und des Designs können die Designhotels nicht fehlen. Die Liste der von Architekten extravagant gestylten Häuser wird immer länger: Spadari, Auriga, Town House, Gray, Straf, Bulgari, Armani etc. Manche Häuser sind ehemalige Industriegebäude wie das Hotel NHow in der Via Tortona oder das Enterprise am Corso Sempione.

B & B auf dem Vormarsch

Schwieriger wird es für Besucher, die am liebsten in charmanten, kleinen Privatpensionen logieren wollen. Im Allgemeinen ist das Preisgefüge zudem recht hoch und es ist schwierig, unter den erschwinglichen Unterkünften auch empfehlenswerte zu finden. Wer sich länger in der Stadt aufhält, kann ein möbliertes Apartment in einer ›Residence‹ mieten.

Bed & Breakfast hat in den letzten Jahren in ganz Italien einen großen Aufschwung als Alternative zu den Hotels erfahren. Auf www.milanonotte.it/bed_and_breakfast_milano, und www.bed-and-breakfast.it/bed_and_breakfast_milano finden Sie Zimmer in und außerhalb von Mailand.

Erstes Ökohotel der Stadt

Das Ariston (■ **E 5**), das erste Ökohotel der Stadt – kürzlich mit umweltfreundlichen Materialien renoviert – besitzt 52 Zimmer (Largo Carrobbio 2, Tel. 02 72 00 05 56, www.aristonhotel.com, Tram: 2, 3, 8, Metro: M1, M3 Duomo, DZ 120/380 €). Fahrräder stehen kostenlos zur Verfügung. Parkmöglichkeiten für acht Autos (ca. 20 € pro Tag).

Orientierung und Buchung

Auf der Seite www.visitamilano.it findet man unter ›where to stay‹ alle Unterkünfte in Mailand. Zimmer kann man natürlich auch direkt bei den Hotels, über Internetseiten wie beispielsweise www.hotelme.it und www.initalia.it oder einfach über Reisebüros reservieren.

Reservierungszentrale: Hotel Central Booking, Tel. 0039 028 05 42 42, Fax 0039 02 89 69 75 09, www.hotelbooking.com, Mo–Fr 9–18 Uhr

Die in diesem Reiseführer angegebenen Preise sind Mindest- und Höchstpreise (ohne Frühstück), sie können je nach Zimmerkategorie und/oder Reisezeit z. T. erheblich variieren.

Übernachten

Günstig und nett

Wie zu Hause – **Bed and Bread: ■ B 5,** Via Vetta d'Italia 14, Tel. 02 46 82 67, Mobil 0033 38 39 64 41, www.bedandbread.it, Metro: M1 (Pagano) und M2 (Sant'Agostino), Bus: 58, 68, 61, 50, Tram: 19, DZ 100 €. Drei Zimmer mit eigenem Bad, ein gemeinsames Wohnzimmer mit Büchern, gratis Wlan, Stereoanlage und zum Frühstück selbst gemachte Marmeladen und Kuchen.

Verkehrsgünstig gelegen – **Hotel Bolzano: ■ H 2,** Via Ruggero Boscovich 21, Tel. 026 69 14 51, Fax 026 69 14 55, www.hotelbolzano.it, Metro: M2, M3 (Stazione Centrale), DZ 60/400–600 € (zu Messezeiten). Das renovierte Hotel liegt direkt am Hauptbahnhof in einer wenig befahrenen Straße. Am schönsten sind die Zimmer, von denen man auf den kleinen Hinterhofgarten blickt.

In Messe- und Stadionnähe – **Hotel Domenichino: ■ A 3,** Via Domenichino 41, Tel. 02 48 00 96 92, www.hoteldomenichino.it, Metro: M1 (Amendola Fiera), DZ 80/280 €. Etwas abseits vom Trubel gelegenes, funktionelles, freundlich geführtes Hotel. Die Zimmer sind nicht sehr groß, aber mit jeglichem Komfort versehen. Frühstücksbuffet inbegriffen. Eigener Parkplatz 17 € pro Tag.

Zwei Schritte vom Corso Buenos Aires – **Hotel Due Giardini: ■ H 2,** Via B. Marcello 47, Tel. 02 29 52 10 93, 02 29 51 23 09, Fax 02 29 51 69 33, www.hotelduegiardini.it, Metro: M1 (Lima, Porta Venezia), DZ 75/170 €. Sehr einfaches, kleines, familiär geführtes Hotel mit einer kleinen Glasveranda zum Garten, auf der das Frühstück serviert wird.

Einfach und zentral – **London: ■ Karte 2, E 4,** Via Rovello 3, Tel. 02 72 02 01 66, Fax 028 05 70 37, www.hotellondonmilano.com, Metro: M1 (Cordusio, Cairoli), DZ mit Bad 100/200 €, ohne Bad 80/160 €, Frühstück 8 €. Die zentrale Lage neben dem alten Piccolo Teatro macht dieses einfache Hotel mit 29 Zimmern beliebt, selbst die sechs Zimmer ohne eigenes Bad sind meist ausgebucht. Bar in der ›Hall‹. Frühstück auch auf dem Zimmer möglich.

Jugend aus aller Welt – **Ostello Piero Rotta: ■ westlich A 2,** Via Salmoiraghi 2, Tel. 02 39 26 70 95, Fax 02 33 00 01 91, www.ostellomilano.it, 24 Std. geöffnet, Abreise 7–10 Uhr, 23.–26.Dez. geschl., Metro: M1 (Lotto/QT8), Bus: 68, ab 20,50 € mit Frühstück. Diese Jugendherberge verfügt über 330 Schlafplätze. Die Regeln richten sich nach dem europäischen Standard. Man braucht die YHFC (Youth Hostel Federation Card), die man auch an Ort und Stelle erwerben kann. Laken sind vorhanden, für Handtücher zahlt man 2 €. Es gibt nun auch 2/3/4-Bettzimmer mit eigenem Bad ab 27/25/23 € pro Person.

Privat wohnen – **Rentxpress: ■ Karte 2, E 6,** Via Conca del Naviglio 18, Tel. 02 58 34 90, Fax 025 83 49 02 21, www.rentxpress.com, www.halldis.com, www.gentileroy.com. Über Rentxpress werden etwa 350 über das gesamte Stadtzentrum verteilte Privatwohnungen vermittelt. Man kann von der Einzimmerwohnung bis zum großen repräsentativen Apartment mieten (Mindestmietdauer drei Tage). Je nach Wohnung ab 120 € am Tag und von 1200 bis 5000 € im Monat.

Gutes Preis-Leistungs-Verhältnis – **Hotel San Francisco: ■ K 1,** Viale Lombardia 55, Tel. 022 36 03 02, Fax 02 26 68 03 77, www.hotel-sanfrancisco.it, Metro: M1, M2 (Loreto,

Übernachten

Piola), Bus: 62, 81, DZ 75/140 €. Das familiär und freundlich geführte Haus mit 28 Zimmern liegt unweit des Piazzale Loreto und der Einkaufsmeile Corso Buenos Aires. Die angenehme Hotelbar öffnet sich zu einem kleinen, beschaulichen Garten. Man versuche, ein Zimmer zum Garten hin zu buchen. Gratis-WiFi.

Familiär geführt – **Hotel San Guido:** ■ **E 2**, Via Carlo Farini 1/a, Tel. 026 55 22 61, Fax 026 57 28 90, www.hotelsanguido.com, Metro: M2 (Moscova), Tram: 2, 4, Bus 70, DZ 110/190 €. Das mit alten Möbeln eingerichtete Hotel verfügt über 31 Zimmer. Es liegt in einer aufblühenden Gegend, die mit vielen neuen Lokalen, Kunstgalerien und Restaurants immer attraktiver wird.

Zentral und nett – **Star:** ■ **Karte 2, F 4**, Via dei Bossi 5, Tel. 02 80 15 01, Fax 02 86 17 87, www.hotelstar.it, Metro: M1 (Cordusio), Tram: 1, 3, 4, 12, DZ 169/220 €. Gut geführtes Haus in einem kleinen Sträßchen ganz in der Nähe der Scala. 30 Zimmer mit Dusche, einige mit Türkischem Bad. Frühstück an kleinen Bistrotischchen. Die Bar, in der man auch Toasts serviert bekommt, ist von 7 bis 23 Uhr geöffnet. Kein Parkplatz.

Günstig gelegen – **Ostello La Cordata** ■: **F 7**, Via Burigozzo 11, Tel 02 58 31 46 75 www.ostellolacordata.com, Tram: 3, 9, 15. Übernachtung in spartanischen 6/8/16-Bettzimmern ab 22 € die Nacht. Mit Küchenbenutzung. Es gibt auch Hotelzimmer, EZ ab 50, DZ ab 70 €.

Zentral, international und jung – **Ostello Bello:** ■ **E 5**, Via Medici, 4, Tel 02 36 58 27 20 www.ostellobello.com, 6- und 8-Bettzimmer ab ca. 30 € pro Person mit Frühstück, DZ 80 €. Die im August 2011 eröffnete Herberge ist ein Lichtblick im teuren Mailand. Hell und freundlich eingerichtet, mit Küche und Kräuterterrasse. Im Keller ist ein gemütliches Wohnzimmer, in dem es oft Konzerte gibt. Die Bar ist von 8–1 Uhr auch für Nicht-Gäste offen. Mittags gibt es einfache Gerichte ab 4 €.

Nicht weit vom Dom – **Hotel Zurigo:** ■ **Karte 2, F 6**, Corso Italia 11/a, Tel. 02 72 02 22 60, Fax 02 72 00 00 13, www.brerahotels.com, Metro: M3 (Piazza Missori), Bus: 94, Tram 15, 16, 24, DZ 130/590 €. Dieses zentral gelegene Haus bietet 46 funktionelle, nicht sehr große, aber angenehme Zimmer.

Stilvoll wohnen

Hotel du charme – **Antica Locanda Leonardo:** ■ **D 4**, Corso Magenta 78, Tel. 02 48 01 41 97, Fax 02 48 01 92 12, www.anticalocandaleonardo.com, Metro: M1, M2 (Cadorna), M1 (Conciliazione), Tram: 16, DZ 135/265 €. Gleich neben der Kirche Santa Maria delle Grazie mit dem berühmten »Abendmahl« von Leonardo da Vinci im Refektorium des angeschlossenen Klosters (Glockengeläute). Geführt wird das Haus von einer polyglotten Japanerin. Die meisten Zimmer liegen über dem Innenhof, in dem man auch sitzen kann.

Feines Design Guesthouse – **Suitime** ■: **C5**, Via M. Bandello 20, Tel. Mo–Fr 9–18 Uhr 36 66 40 04 78, www.suitime.it, Metro: M1 Conciliazione, M 2 Sant'Ambrogio, Tram 19, Bus 58, 68; 40-m²-Suite ca 200 €, 50-m²-Suite ca 240 €. Sechs elegante, minimalistisch eingerichtete Suiten in einem alten Palazzo. Alle auf zwei Ebenen. Schlaf-und Badezimmer unten, Wohnzimmer mit Kochnische oben.

Übernachten

Private Atmosphäre – **Antica Locanda dei Mercanti:** ■ **Karte 2, E/F 4,** Via San Tomaso 6 (2. Etage), Tel. 028 05 40 80, Fax 028 05 40 90, www.locanda.it, Metro: M1 (Cairoli, Cordusio, Tram: 2,4,16), DZ 195/ 325 € (während Messen teurer). Das Hotel im Herzen von Mailand hat 15 helle, individuell eingerichtete Zimmer. Vorhänge, Regale mit Büchern und frische Blumen verleihen ihnen eine persönliche Atmosphäre. Die schönsten Zimmer haben eine kleine Terrasse voller Blumen. Es gibt auch 7 Suiten mit Küche und Platz für die ganze Familie.

Wie zu Großmutters Zeiten – **Antica Locanda Solferino:** ■ **F 2/3,** Via Castelfidardo 2, Tel. 026 57 01 29, Fax 026 57 13 61, www.anticalocandasolferino.it, Metro: M2 (Moscova), Bus: 43, DZ 160/290, alleinreisende Frauen zahlen 160 €. Dieses intime französisch anmutende alte Elf-Zimmer-Hotel im Brera-Viertel ist, obwohl es nur 2 Sterne hat, beliebt bei Journalisten und Models und fast immer ausgebucht. Vintage-Möbel verleihen den Zimmern eine gemütliche Atmosphäre. Frühstück wird im Zimmer serviert, die Zeitung gebracht.

In Verdis Suite schlafen – **Grand Hotel et de Milan:** ■ **Karte 2, F 4,** Via Manzoni 29, Tel. 02 72 31 41, www.grandhoteletdemilan.it, DZ ab ca. 670 €. Der Maestro, Verdi, hat lange im Hotel gewohnt und starb hier am 27. Januar 1901. Man kann in seiner oder den luxuriösen Suiten der Herzöge von Windsor, von Eleonora Duse, Hemingway, Elizabeth Taylor und Richard Burton residieren. Sonst in komfortablen, individuell eingerichteten Zimmern. Die Einrichtung im Stil von Louis XVI., des Jugendstils und des Art déco wurde nach der Renovierung beibehalten. Das Grand Hotel mit Fin-de-Siècle-Atmosphäre besitzt eine große Halle, Säle für Gala-Abende und zwei Restaurants. Im ›Don Carlos‹ ist die Küche bis 0.30 Uhr geöffnet.

Boutique-Hotel – **Palazzo Segreti:** ■ **E 4,** Via S. Tomaso 8, Tel. 02 49 52 92 69, Metro: M1 Cordusio, DZ ab 200 €. Zentrales, elegantes neues Design-Hotel mit nur 18 individuell eingerichteten Zimmern in einem Mailänder Palazzo.

Stilvoll und ruhig – **Palazzo delle Stelline:** ■ **D 5,** s. S. 52.

In Hotels wie das Bulgari gehen die Mailänder gern auf einen Aperitif oder zum Dinner

Essen und Trinken

Bis vor wenigen Jahren galten die Superlative in Mailand nur der Mode und dem Design. Heute findet man sie auch in der Gastronomie. Einige der berühmtesten Küchenchefs residieren hier und mischen Tradition mit Einflüssen aus der ganzen Welt. Großer Wert wird dabei auf die Qualität der Zutaten und auf ihre Verwendung entsprechend der Jahreszeit gelegt.

Das Land des Slow Food

Nicht von ungefähr zieht man in Italien dem Fast Food das italienische Slow Food vor. Selbst die berufstätige Frau greift selten zum Fertiggericht. So haben die Fast-Food-Lokale nur bei Jugendlichen und Emigranten Erfolg. Der eilige Geschäftsmann isst lieber ein kunstvoll zubereitetes *panino* (Brot mit Käse, Fleisch oder Wurst, garniert mit Gemüse, Saucen, Trüffel oder Salat zwischen 3,50 und 8 €), einen *tramezzino* (Sandwich) oder ein Stück Pizza. In vielen Bars wird daneben auch ein kleiner *primo* oder *secondo* (Vor- oder Hauptspeise) angeboten – eben Fast Food auf italienisch. Relativ neu sind in Mailand die Kebablokale, die vor allem bei Studenten großen Erfolg haben.

Mahlzeit!

Frühstück heißt für den Italiener lediglich *caffè* (*espresso*, versteht sich) oder *cappuccino* (Kaffee mit aufgeschäumter Milch), dazu ein *cornetto* (Croissant) oder eine *brioche*. Basta!

Das Mittagessen spielt eine größere Rolle. Man isst als *primo* Pasta, Risotto oder Suppe und als *secondo* Fleisch oder Fisch mit Gemüse. Wer noch arbeiten muss, verzichtet lieber auf Vor- und Nachspeise und hebt sich das üppige Essen für den Abend auf. Dazu trinkt man Wein und/oder Wasser.

Übrigens: Immer mehr Lokale bieten auch Leitungswasser im Krug an. Denn die Qualität ist gut und man verzichtet so auf den Gebrauch von Plastikflaschen.

Kulinarische Spezialitäten

Zuwanderer aus ganz Italien und auch aus nahen und fernen Ländern haben das gastronomische Angebot in Mailand sehr erweitert. Vom Edelrestaurant über die Trattoria bis zu Pizzerien, Bars und Paninoteche – das Angebot ist groß. Viele Restaurants bieten eine gemischte Küche mit Gerichten aus ganz Italien an. Viele Trattorien sind heute zu chinesischen, indischen oder japanischen Restaurants geworden. In Mailand, dem Hauptumschlagsort in Italien, gibt es zudem den frischesten Fisch – ohne Blick aufs Meer. Günstig ist freilich nichts in Mailand.

Die mailändische bzw. lombardische Küche ist deftig – mit viel Butter statt des sonst üblichen Olivenöls. Typische Gerichte sind *nervetti* (gekochte Kalbsknorpel mit Zwiebeln angemacht), *cassoela* (Schwein mit Wirsing) und die vielen verschiedenen *risotti* mit dem Reis

Essen und Trinken

Cafés und Eisdielen

von den Feldern der Po-Ebene. Der berühmteste, *risotto alla milanese*, ist der goldgelbe Safranreis, zu dem es oft *ossobuco* (Kalbshaxenscheibe mit Markknochen) gibt. Als mailändisch gilt auch die *cotoletta alla milanese*. Die Diskussion darüber, ob das ›Wiener Schnitzel‹ eigentlich aus Mailand kam, ist endlos. Niemand allerdings macht Mailands Weihnachtskuchen, dem *panettone*, den Ruhm streitig.

Das Käseangebot ist groß und sehr verlockend. Der berühmte *gorgonzola* heißt nach dem gleichnamigen Ort östlich von Mailand, *grana* (ähnlich wie Parmesan) und *mascarpone* kommen aus der Bassa, dem Flachland südlich von Mailand. *Taleggio* und viele andere köstliche Kuhmilch-, Schaf- und Ziegenkäse stammen aus den Tälern im Norden. Dazu kommen Käsesorten aus ganz Italien. Man sollte noch ein bisschen Hunger für die Nachspeise aufheben, denn viele Restaurants überraschen mit erlesenen Köstlichkeiten.

Der Sonntagsbrunch, der mehr Lunch als Breakfast ist, wurde in den letzten Jahren in Mailand Mode. Die verschiedensten Lokale wetteifern um Gäste.

Preise

Die im Buch angegebenen Preise sind Durchschnittspreise eines zwei- oder dreigängigen Menüs *(antipasto* oder *primo, secondo, dolce)* pro Person ohne Getränke. Manche Lokale lassen sich nicht nur einer Kategorie zuordnen: Man kommt morgens zum Cappuccino, mittags zum Essen, später zum Aperitif und nach dem Kino zum späten Beisammensein.

Übrigens: Viele der teuren Gourmettempel bieten mittags einen leichten Businesslunch zu erträglichen Preisen.

In Mailand gibt es sehr viele gute Eisdielen und verführerische Pasticcerie mit süßem Gebäck und Pralinen. Hier eine kleine Auswahl:

Nicht nur Milch – **Biancolatte:** ■ **Karte 2, G 3,** Via F. Turati 30, Tel 02 62 08 61 77, www.biancolattemilano.it, Metro M3 (Turati), Tram: 1, 2, tgl. 7.30–24 Uhr. *Latterie* (Milchläden) haben in Mailand Tradition als Orte, wo man Milchprodukte kauft und oft auch gut isst – so wie hier. Man frühstückt zwischen milchweißen Möbeln, kann ein leichtes Mittagessen einnehmen, Eis schlecken, später einen Aperitivo trinken, abends etwas essen. Gut ist vor allem der Brunch samstags und sonntags.

Der Name ist Programm – **Chocolat:** ■ **Karte 2, D 4,** Via Boccaccio 9, Metro: M1 (Cadorna), Tram: 1, tgl. 7.30–1 Uhr. Wenn es kalt ist, ist die Schokolade heiß, im Sommer gibt es sie als Eis in vielen Variationen, z. B. mit Rum oder Peperoncino. Es gibt auch Kuchen – natürlich mit Schokolade.

Rund um die Schokolade – **Cioccolatitaliani:** ■ **E 6,** Via de Amicis 5 (weiterer Laden gegenüber Luini, s. S. 31), So Brunch 22 €. Schokoladenduft und -farbe, mittags Salate und kleine Gerichte oft mit Kakao.

Intellektuellentreff – **Cucchi:** ■ **Karte 2, E 6,** Corso Genova 1, Bus: 94, Di–So 7–22 Uhr. Traditionskonditorei, die ihren alten Charme bewahrt hat. Man kommt zum ersten *caffè* am Morgen – köstliche *brioches* –, isst mittags ein Häppchen, trinkt nachmittags einen Tee und abends einen Aperitif. Und nimmt zum Schluss einen Kuchen auf die Hand.

Essen und Trinken

Erinnerung an früher – **Gelateria Grom:** ■ **C 4,** Via Alberto da Giussano 1, www.grom.it, Metro: M1 (Conciliazione), Mo–So 12–23 Uhr. Erlesenes Eis aus ausgewählten Ingredienzien: Fruchteis nur aus Frischobst, Cremes aus frischer Milch und Bio-Eiern, Schokolade aus besonderem Kakao. Grom hat inzwischen fünf Eisdielen in Mailand: Via S. Margherita 16 (F 4), Corso di Porta Ticinese 51 (E 6), Corso Buenos Aires 13 (H 3) und Corso XXII Marzo 5 (J 5).

Schokolade in allen Variationen – **Il Massimo del Gelato:** ■ **C 1,** Via Castelvetro 18, Tram: 1, 19, Bus: 94, Mo geschl. Exquisites, ausgefallenes Eis, z. B. Ingwer und Zimt oder Schokolade mit Rum oder Peperoncino.

International – **Sissi:** ■ **J 4,** Piazza Risorgimento 6, Bus: 54, 61, Mo nachmittags und Di geschl. Beliebte Frühstücksbar, denn hier gibt's einen der besten *capuccini* der Stadt. Dazu erlesene *brioches,* Kuchen, Gebäck. Man kann auch im kleinen Garten speisen.

Gourmet-Lokale

Kreative Rezepte – **La Latteria:** ■ **Karte 2, F 3,** Via San Marco 24, Tel. 026 59 76 53, Bus: 94, 41, Mo–Fr 12.15–14.30, 19.30–21.30 Uhr, feiertags geschl., ca. 40 € (keine Kreditkarten). Wenige einfache Tische, die man leider nicht reservieren kann. Hervorragende Küche: Probieren Sie doch mal die *crudaiola all'Arturo,* rohes, püriertes Gemüse mit warmen Bulgur, oder den *nodino alla sassi* (Kalbsfleisch) und dann die selbst gebackenen Kuchen. Es lohnt sich, auf einen freien Tisch zu warten. Beliebt bei Journalisten und Fernsehleuten.

Höchstgenuss – **Il Luogo di Aimo e Nadia:** ■ **westlich A 6,** Via Montecuccoli 6, Tel. 02 41 68 86, www.aimoenadia.com, Metro: M1 (Primaticcio), Mo–Sa 12.30–14, 19.30–22.30 Uhr, Sa mittags geschl., Lunchmenü 39 €, 5-Gänge-Menü *degustazione* 90/130 €, à la carte ca. 120 €. Aimo und seine Frau Nadia haben sich in allen Gourmetführern einen der obersten Plätze erkocht, weil das Gleichgewicht zwischen traditioneller und origineller Küche perfekt und ihr Sommelier sehr kompetent ist. Die weite Anfahrt lohnt sich.

Ein Klassiker – **Rigolo:** ■ **Karte 2, F 3,** Largo Treves 1, Tel. 02 86 46 32 20, Metro: M2 (Moscova), Di–So 12–14.30, 19.30–23 Uhr, Bus: 94, ca. 35/50 €. Eine klassische Trattoria mit großen Räumen und freundlicher Bedienung. Unter der Woche treffen sich hier häufig Jour-

Aperitivi

Der Aperitivo spielte in Mailand schon im 19. Jh. eine große Rolle. Nicht von ungefähr sind Campari, Zucca oder Branca mit seinem Fernet hier entstanden. Man traf sich am Dom, in der Galleria oder im Corso Vittorio Emanuele und trank dabei einen Aperitif. Weiter außerhalb des Zentrums lagen zig *osterie.* Dort trank man Wein. Heute haben sich zwar die Orte geändert, aber nach den ›Bier-Jahren‹ in den 1980ern trinkt man wieder Wein. Es gibt immer mehr Lokale mit einer interessanten Auswahl an Weinen und kleinen Gerichten.

Essen und Trinken

Welch ein Anblick: Aimo und Nadia zaubern kulinarische Köstlichkeiten auf den Tisch

nalisten vom nahen »Corriere della Sera«. Am Wochenende kommen gutbürgerliche Familien. Gute Fischgerichte unter hauptsächlich toskanischen Speisen.

Drei Frauen – **Ristorante Alice:** ■ **H 7,** Via Adige 9, Tel. 025 46 29 30, www.aliceristorante.it, Metro: M3 (Porta Romana), Bus: 77, Mo–Sa 12–14, 20–23 Uhr, Mo mittags geschl., mittags Gerichte 15 €, abends Menü 65 €. Wer Fisch mag und Wert auf gutes Essen legt, wird Freude an der fantasievollen, raffinierten Küche dieses von drei Frauen geführten Restaurants haben. Der rohe Fisch auf italienisch (nicht japanisch) ist ein besonderer Genuss.

Toskanische Küche – **Ristorante Bice:** ■ **Karte 2, G 4,** Via Borgospesso 12, Tel. 02 76 00 25 72, www.bicemilano.it, Tram: 1, 2, So abends geschl., ca 50 €, Businesslunch 25 €. Schon drei Generationen bereiten hier köstliche Gerichte in elegantem, traditionellem Ambiente zwei Schritte vom ›Goldenen Karree‹ entfernt zu.

Gediegen, gute Küche – **Ristorante Peppino:** ■ **Karte 2, G 5,** Via Durini 7, Tel. 02 78 17 29, www.ristorantepeppino.it, Metro: M1 (San Babila), Bus 61, So mittags und Sa geschl., ca. 40/50 €. Wer am Nebentisch Prominenz beobachten will, ist hier falsch. Hier servieren livrierte Kellner seit Jahren die klassische gehobene Küche Italiens. Mittags für die Geschäftswelt der umliegenden Büros und Kanzleien, abends für das arrivierte Bürgertum der Stadt. Für Kunstliebhaber hängt klassische Moderne an der Wand.

Essen und Trinken

Gut und günstig

Orto con cucina (Garten mit Küche) – **Erba Brusca:** ◼ **(südl von D 8),** Alzaia Naviglio Pavese 286, Tel. 02 87 38 07 11, Metro: M 2 Abbiategrasso, dann 1500 m zu Fuß, ca 35 €. Entspannte, ländliche Atmosphäre in diesem neuen Bio-Restaurant, das ziemlich weit außerhalb liegt. Chef Alice Delcourt bietet originelle Zusammenstellungen.

Eine gute Trattoria – **Alla Cucina Economica:** ◼ **H 4,** Via Guicciardini 8, Tel. 02 78 32 56, Bus: 54, 61, Tram: 9, 20, 23, 29, 30, Do–Di 19.30–23 Uhr, ca. 30 €. Küche mit nord- und süditalienischen Einflüssen, denn Carola stammt aus Italiens Süden, Claudio aus dem Norden. Freundliche Atmosphäre. Die Auswahl an Gerichten ist nicht groß, aber alles wird mit Liebe zubereitet.

Mit Liebe zubereitet: Essen im Alice

Lombardisch kreativ – **Ratanà:** ◼ **G 1,** Via De Castillia 28, Tel 02 87 12 88 55, Metro: M 2 Gioia, Okt–30. Mai Sa mittags und Mo geschl., 1. Juni–30. Sept. Sa mittags und So geschl., ca 40 €. In einer Jugendstilvilla, die der Neubauwut der Gegend entkommen ist, speist man lombardische Gerichte mit ausgewählten Zutaten.

Familiäre Atmosphäre – **Fiore:** ◼ **C 7,** Via Savona 39, Tel. 02 48 95 53 82, Metro: M2 (Porta Genova), Bus: 68, Tram: 14, Mo–Sa 6– ca. 24 Uhr. Küche 12–15/19.30–23 Uhr, ca. 30 €. Das modern und farbenfroh eingerichtete Lokal ist eine Mischung aus Bar, Tabacchi-Laden und Trattoria. Die wirklich guten italienischen Gerichte werden von einem japanischen Koch zubereitet.

Gemütliches Traditionslokal – **La Libera:** ◼ **Karte 2, E/F 3,** Via Palermo 21, Tel. 028 05 36 03, Metro: M2 (Moscova), Bus: 94, tgl. 19.30–0.30 Uhr, 35/40 €. Vielseitiges, zu später Stunde belebtes, gemütliches altes Restaurant mit Gerichten aus ganz Italien. Sehr geschätzt wird die *cotoletta alla milanese*. Man kann aber auch nur Pizza essen.

Alternativ, elegant – **Orti e Commenda:** ◼ **G 6,** Via della Commenda 43, Tel. 025 45 07 65, Metro: M3 (Crocetta), Mi–Mo 12–15, 19.30–23 Uhr, Mittagsteller 10 €, abends ca. 35 €. Ökorestaurant. Die Küche richtet sich nach der Jahreszeit und verwertet zum Großteil Bioprodukte. Man sitzt an alten Tischen auf Vintage-Stühlen.

Mal zwei – **Osteria dei Vecchi Sapori:** ◼ **F 1,** Via Dal Verme/Ecke Via Borsieri, Tel. 02 66 80 22 32, und gleich um die Ecke: Via Carmagnola 3, Tel. 026 68 61 48, Metro: M2 (Garibaldi), tägl. 19.30–23.30 Uhr, ca. 25 €. Die

Essen und Trinken

Kleines 1 x 1 für den Restaurant- oder Barbesuch

Die Lokale sind in der Regel mittags von 12 bis 14.30 und abends von 19.30 bis 22 Uhr geöffnet, Bars von 8 bis 20 Uhr (im Buch sind nur abweichende Öffnungszeiten bzw. Ruhetage angegeben). Viele Küchen bieten aber auch bis spät in die Nacht noch Speisen an. Getrennte Rechnungen sind in Italien nicht üblich. Man zahlt *alla romana*, d. h. man teilt die Summe unter den Anwesenden auf oder legt seinen Teil dazu. Auf der Rechnung wird *pane e coperto*, ›Brot und Gedeck‹, meist extra ausgewiesen. Man sollte nur Gerichte mit einer Preisangabe bestellen, um keine bösen Überraschungen zu erleben, und braucht immer eine Quittung *(ricevuta)*, denn kontrolliert die Steuerfahndung den Gast, macht sich dieser ohne eine solche strafbar. Achtung: Die über den Kassen ausgehängten Preislisten in Bars gelten nur für den Konsum an der Theke. Am Tisch kann der Preis erheblich höher sein!

Trattoria in der Via dal Verme gibt es schon lange, nun ist eine neue hinzugekommen und die beiden Brüder Paolo und Roberto haben jeweils eine übernommen. Das Ambiente ist einfach, die Atmosphäre entspannt. Schon zum Aperitif kommt viel junges Publikum.

Pizza und vieles mehr zum Direktverzehr – **Princi:** ■ **F 2,** Largo La Foppa 2, Tel. 026 59 90 13 www.princi.it, Tram: 5, 7, 11. Wer hätte gedacht, dass eine Bäckerei trendy werden könnte? Princi bietet an der Piazzale Istria und an mehreren anderen Stellen in Mailand auch die Möglichkeit, das soeben Erstandene sogleich zu verzehren. Am Largo La Foppa 2 gibt es auch Tische draußen.

Wie ein Pariser Bistro – **Santo Bevitore:** ■ **D 2,** Via Aleardi 22, Tel. 023 31 33 50, Bus: 11, Sa mittags und So geschl., ca. 35 €. Freundliche Atmosphäre, gute Weinauswahl. Überwiegend biologische Zutaten.

Mailand, wie es einst war – **Trattoria Madonnina:** ■ **E 7,**Via Gentilino 6, Tel. 028 94 09 89, Mo–Mi nur mittags, Do–Sa auch abends, So geschl., Tram: 3, 15, ca. 30 €. Innen isst man an einfachen Holztischen mit karierten Tischdecken, draußen unter einer Pergola neben einer Bocciabahn. Das Publikum populär und trendy. Einfache mailändische Küche, dazu eine kleine Auswahl an Weinen.

Pizzerien

In den meisten Pizzerien geht das Angebot über die Pizza hinaus. Zu empfehlen sind die Vorspeisenbuffets und danach eine Pizza. Dazu trinken die Italiener Bier. Für eine Pizza und ein Bier zahlt man ca. 15–20 €.

Familiäres Ambiente – **Biagio:** ■ **D 4,** Via Vincenzo Monti 28, Tel. 024 98 71 66, Metro: M1, M2 (Cadorna), Tram: 1, So–Fr 12.15–14.30, 19.15–23.30 Uhr. Diese echt neapolitanische, kleine Pizzeria gibt es seit über 30 Jahren. Die Auswahl an Pizzas ist klein, aber fein.

Rustikal und gut – **Grand'Italia:** ■ **Karte 2, F 3,** Via Palermo 5, Tel.

Essen und Trinken

> Einige der alten Straßenbahnen bieten besondere Dienste an. So kann man in der **ATMosfera** wie in einem richtigen Restaurant einkehren. Man speist – und sieht die Stadt vorbeiziehen (zu buchen unter der Telefonnummer 800 80 81 81, www.atm-mi.it, 65 € pro Person).

02 87 77 59, Metro: M2 (Moscova), Bus: 41, 94, tgl. 12–15, 19–1 Uhr, *pizza al trancio* ab 5 € (das Pizzastück vom Blech sieht anders aus und schmeckt anders als die dünne, runde Pizza). Es gibt verschieden große Salate (7,50 €) und einige Gerichte: *primi* ab 6 €, *secondi* ab 9,50 €. Man sitzt in diesem immer vollen Lokal an kleinen Holztischen. Die Einrichtung erinnert eher an ein Pub als an eine Pizzeria.

Schnell, gut, günstig – **Spontini:** ■ **J 2,** Via Spontini 4, Tel. 02 04 74 44, Metro: M1 (Lima, Loreto), M2 (Loreto), Di–So 12–14.15, 18–23.30 Uhr, kleines Stück Pizza 4,50 €, großes 5,50 €. Hier kann man zuschauen, wie die wohl beste *pizza al trancio* der ganzen Stadt blitzschnell zubereitet wird. Der Service ist fix, das Lokal spartanisch eingerichtet und laut, aber die Pizza ist einfach köstlich.

Szene und Ambiente

Apart exotisch – **Finger's:** ■ **H 7,** Via G. Emiliani 2, Tel. 02 54 12 26 75, Metro: M3 (Lodi), tgl. 20–24 Uhr, Juli/Aug Mo geschl., ca. 60 €. Kreative Fusionküche, von Japan über Südamerika nach Europa, denn der Inhaber ist halb Brasilianer und halb Japaner. Zwischen Bildern junger Künstler werden neben Sushi auch *carpacci* und *gaspacci*, Finger Food und Fleischgerichte geboten. Ab 20 Uhr trifft man sich hier auch zu extravaganten Cocktails mit Sake.

Betörende Düfte – **Fiorario Bianchi Caffè:** ■ **Karte 2, F 3,** Via Montebello 7, Tel. 02 29 01 43 90, www.fioraio bianchicaffe.it, Metro: M2 (Moscova), Bus: 94, Mo–Sa 8–24 Uhr, mittags ca. 25 €, abends ca. 60 €. Bianchi war in Mailand seit je her bekannt für seine schönen Blumen. Doch nun kommt man vor allem hierher, um sich an kleinen, gemütlichen Tischchen zwischen schönen Sträußen zum Aperitif zu treffen. Mittags gibt es asiatische, arabische, französische Gerichte, abends wird eher klassische italienische Küche serviert. Sehr zu empfehlen ist die Crème Brulée.

Endstation Osteria – **Osteria dei Binari:** ■ **D 7,** Via Tortona 1, Tel. 02 89 40 94 28, Metro: M2 (Porta Genova), tgl. 19.30–23 Uhr, Menü ohne Getränke ca. 40 €. Das Verlockendste sind hier im Sommer der schöne Garten und die Bocciabahn. Sonst speist man in gemütlich eingerichteten Innenräumen typisch lombardisch-piemontesische Gerichte. Beliebt bei Geschäftsleuten. Nebenan im **Café del Binari** (Tel. 02 83 95 09) kann man auch gut lunchen.

Gute alte Tradition – **Torre di Pisa:** ■ **Karte 2, F 4,** Via Fiori Chiari 21, Tel. 02 87 48 77, Metro: M2 (Lanza), Tram: 4, 8, 12, Mo–Sa 12–14.30, 19.30–24 Uhr, Sa mittags geschl., ca. 40/50 €. Stammpublikum, aber auch neue Gäste aus der Modewelt lieben die Atmosphäre dieses alten Lokals mit seinen vier kleinen, immer vollen Räumen. Die Küche ist gut, die Pasta selbstverständlich hausgemacht. Besonders die *tagliata* ist zu empfehlen, ein dünn geschnittenes Filetfleisch, das kurz im

Essen und Trinken

Ofen erhitzt und mit Rucola oder Parmesan serviert wird.

Piemontesische Küche – **Trattoria Aurora:** ■ **C 6,** Via Savona 23, Tel. 02 89 40 49 78, Metro: M2 (S. Agostino, Porta Genova), Tram: 14, Bus: 90, 91, Di–So 12–14.30, 19.30–23 Uhr, ca. 45/50 €. Art-déco-Ambiente mit viel dunklem Holz. Große Auswahl an piemontesischen Gerichten wie z. B. *bollito misto,* diverse gekochte Fleischsorten mit verschiedenen Saucen. Im Sommer kann man draußen sitzen.

Schöpft aus der Vergangenheit – **Trattoria Ponte Rosso:** ■ **D 7,** Ripa di Porta Ticinese 23, Tel 028 37 31 32, www.trattoriaponterosso.it, Tram: 9, 29, 30, tgl. 12.30–15, 20–20.30 Uhr, So abends geschl., ca. 40 €. Auf Initiative einer Gruppe von Künstlern und Designern ist diese alte Trattoria am Naviglio ein besonderes Restaurant geworden. Hier speist man Gerichte, die keiner mehr kennt. Rezepte aus ganz Italien, die längst in Vergessenheit geraten sind wie der *sartù,* ein neapolitanisches Reisgericht aus dem 19. Jh.

Typisch mailändisch

Ein Stück Mailänder Geschichte – **Bagutta:** ■ **Karte 2, G 4,** Via Bagutta 14, Tel. 02 76 00 27 67, Metro: M1 (San Babila), Mo–Sa 12–14.30, 19.30–22.30 Uhr, ab ca. 50 €. Das ehemalige Künstler- und Intellektuellenlokal ist mittags ein beliebter Treffpunkt für Geschäftsleute. Großes Vorspeisenbuffet. Fresken, Bilder und Karikaturen erzählen die Geschichte des Lokals, in dem jährlich der angesehene Literaturpreis ›Bagutta‹ verliehen wird. Im Sommer speist man im schattigen Innenhof. Kürzlich wurde dem Lokal gekündigt, was einen Tumult auslöste. Mal schauen, wer siegt.

Alla milanese – **Trattoria All'Antica:** ■ **C 6,** Via Montevideo 4, Tel. 028 37 28 49, Metro: M2 (Porta Genova), Tram: 14, Sa mittags und So geschl., ca 30/35 €. Eine der wenigen echten *trattorie meneghine* (mailändisch) mit viel Charme. *Risotto alla milanese, cotoletta alla milanese, cassoela* und vieles mehr.

Die gute alte Zeit – **Trattoria Milanese:** ■ **Karte 2, E 5,** Via Santa Marta 11, Tel. 02 86 45 19 91, Metro: M1 (Duomo, Cordusio), M3 (Duomo), Tram: 14, Mo–Fr 12–14.45, 19–22.45 Uhr, Mitte Juli, Aug., 24.12–10.1. geschl., *primi* 9/11, *secondi* 12/18 €. Die alte Mailänder Trattoria führte schon der Großvater des heutigen Wirts Giuseppe. Sie hat nicht nur den Charme, sondern auch die Qualität der typischen Mailänder Gerichte von einst bewahrt.

Vegetarisch

Winzig und gemütlich – **Noi Due:** ■ **E 7,** Viale Col di Lana 1, Tel. 02 58 10 15 93, www.trattorianoidue.it, Tram: 9, 29, 15, tgl. 19.30–23 Uhr, Sa, So auch mittags, ca. 20/25 €. Gemütliches kleines vegetarisches Biorestaurant in einer ehemaligen, ganz gekachelten *latteria.* Freundlicher Service.

Beliebt – **Alla Vecchia Latteria di Via Unione:** ■ **Karte 2, F 5,** Via dell'Unione 6, Tel. 02 87 44 01, Metro: M1, M3 (Duomo), Mo–Sa Küche 11–16 Uhr, *primi* 8/10 €, Menü ca. 20 €. Nur mittags gibt es hier an ein paar einfachen, winzigen Tischen gutes, vegetarisches Essen. Es ist immer voll. Nette Atmosphäre.

Einkaufen

Für Mode- und Designliebhaber ist Mailand ein Eldorado. Die wichtigsten ›Schaufenster der Kreativität‹ made in Italy sind natürlich die Messen: Mode im März und Oktober, Möbel beim Salone del Mobile im April. Alles, was in der Modewelt Rang und Namen hat, stellt im ›Goldenen Karree‹ aus. Etwas bodenständiger geht es in der nahe gelegenen Einkaufsstraße Corso Vittorio Emanuele II zu, der Fußgängerzone direkt hinter dem Dom. Man beachte die Piazza Liberty mit einer sehenswerten ›aufgesetzten‹ Jugendstilfassade. Die Galleria, die den Domplatz mit der Piazza della Scala verbindet, ist nicht nur der Salon Mailands mit seinen Cafés, Restaurants und dem berühmten Camparino (heute Zucca), sondern auch eine Einkaufspassage mit teuren Boutiquen, Buchhandlungen und dem legendären Hutladen Borsalino. Leider sind hier in den letzten Jahren auch Fast-Food-Shops eingezogen.

Vielseitiges Angebot
Mailand ist sehr teuer. Deshalb empfiehlt sich der Ausverkauf ab Anfang Januar und Anfang Juli. Neben den teuren Modegeschäften gibt es in Mailand aber auch viele Läden, in denen man etwas weniger exklusive Mode erstehen kann. Dabei hat jedes Viertel seinen eigenen Charakter. So geht es im Brera-Viertel, in der Via Solferino, auf dem Corso Garibaldi und dem Corso Como mehr künstlerisch-kreativ zu, während die einst traditionellen Geschäfte in Domnähe – wie überall – den Markenketten Platz gemacht haben. Nur die Rinascente spielt hier eine eigene Rolle (s. S. 30). Die Via Torino präsentiert vorallem Mode für ein junges Publikum. Auf dem Corso di Porta Ticinese herrscht ein extravagant-alternativer Stil. Auf dem Corso Genova befinden sich Boutiquen mit eleganter Kleidung. Die Geschäfte des Corso Magenta sind eher klassisch ausgerichtet. Und der Corso Vercelli bietet alles: von Gastronomie bis Mode mit einigen sehr exklusiven Geschäften mit klassischer Mode wie Gemelli oder Bardelli.

Wie im Mittelalter reorganisieren sich manche Einkaufsstraßen nach Themen. So findet man z. B. Möbel und Design in der Via Durini und Umgebung, Lampen zwei Straßen weiter im Corso Monforte, Schuhe in der Via Belfiore und Herrenmode in der Via Verri im ›Goldenen Karree‹. Eine neue Tendenz sind Temporary Shops, Läden, die nur kurze Zeit existieren, so zu Weihnachten oder während der Möbelmesse.

Allgemeine Öffnungszeiten
Kaufhäuser und Geschäfte im Zentrum sind meist durchgehend geöffnet. Einige Geschäfte in den Haupteinkaufsstraßen öffnen auch sonntags. Lebensmittelgeschäfte sind montags am Nachmittag, alle anderen montags am Vormittag geschlossen. Im August schließen viele Geschäfte für 2-3 Wochen.

Einkaufen

Antiquitäten

Die alten, traditionellen Antiquare sitzen fast alle im ›Goldenen Karree‹, doch viele Geschäfte sind auf die ganze Stadt verteilt, insbesondere in den Straßen zwischen Via Torino und Corso Magenta sowie in der Via San Giovanni sul Muro. Der erste Abschnitt der Via Pisacane ist eine ›Antiquitätenstraße‹ mit einem bunten Mix an Antiquitätengeschäften. Die Via Maroncelli bietet diverse Läden mit Möbeln und Objekten des 20. Jh. In der Ticinese-Navigli-Gegend stößt man eher auf Trödelläden.

Bücher und CDs

In der **Galleria Vittorio Emanuele II** gibt es eine große Auswahl an Büchern, auch deutschsprachige und internationale Presse (Libreria Rizzoli).

Von Frauen für Frauen – **Delle Donne:** ■ **J 5,** Via Pietro Calvi 29, www.libreriadelledonne.it, Tram: 9, 29, 30, Di–Sa 10–13.30, 15.30–19.30 Uhr. Literatur von Frauen. Die Buchhandlung informiert auch immer aktuell über alles, was Frauen bewegt und interessiert.

Kulturkaufhaus – **FNAC:** ■ **Karte 2, F 5,** Via della Palla 2/Ecke Via Torino, Tel. 02 86 95 41, www.fnac.it, Metro: M1, M3 (Duomo), Mo–Sa 9.30–20, So 10–20 Uhr. Die Französische Handelskette ist auch hier mit Büchern und einer großen Auswahl an CDs und Unterhaltungselektronik vertreten. Oft gibt es hier auch interessante Fotoausstellungen.

Eine Mailänder Institution – **Hoepli:** ■ **Karte 2, G 4,** Via Hoepli 5, Metro: M1, M3 (Duomo), www.hoepli.it, Mo–Sa 10–19.30 Uhr. Seit 1870 existiert diese riesige Buchhandlung. Ihr breites Sortiment umfasst auch deutschsprachige Literatur.

Delikatessen und Lebensmittel

Salumerie oder *Gastronomia* heißen in Italien die Geschäfte, in denen man Aufschnitt und Käse, Konserven aller Art, Wein und auch frisch zubereitete Gerichte erstehen kann. Besonders bekannt sind in Mailand die Feinkostläden **Peck** (Via Spadari 9) und **Leoni** (Corso Venezia 7), aber es gibt im Stadtgebiet verteilt auch andere hervorragende, nicht ganz so teure Läden.

Enoteche (Weinlokale) sind wieder im Kommen. Hier kann man Weine kaufen oder sich zu einem Aperitif treffen.

Bio und umweltfreundlich – **Centro Botanico:** ■ **Karte 2, E 6,** Via Cesare Correnti 10, Piazza San Marco 1, Via V. Monti 32, www.centrobotanico.it, Mo–Sa 10–19.45, So 15–19.30 Uhr (Aug. Mo 15–20, Di–So 9–14 Uhr). In den ersten beiden Läden kann man auch essen, vor allem vegetarisch. Große Auswahl an ökologischen und Bioprodukten.

Sushi auf italienisch – **Da Claudio:** ■ **Karte 2, F 4,** Via Cusani 1, Tel. 028 05 68 57, www.pescheriadaclaudio.it, Metro: M2 (Lanza), Mo–Sa 11–21 Uhr. Zum Lunch und zum Aperitif trifft man sich in der Fischhandlung. Es herrscht immer großer Andrang an den Tresen, wo italienischer roher Fisch zu einem Glas Weißwein serviert wird (ca. 13 €). Im ersten Stock gibt es jetzt ein feines Fischrestaurant, Tel. 02 86 91 57 41.

Alles für die Küche – **Il Cucchiaio di Legno:** ■ **Karte 2, F 4,** Via Ponte Vetero 13, Tel. 02 87 38 86 70, www.il

Einkaufen

Willkommen im Schlaraffenland

cucchiaiodilegno.it, Metro: M2 (Lanza), Tram: 3, 4, 12, Di–Sa 10–20 Uhr. In der Via Ponte Vetero häufen sich Restaurants und Gastronomiegeschäfte. Im eleganten Cucchiaio di Legno gibt es neben Wein und Delikatessen alles für die Küche und den eleganten Tisch. Mittags kann man hier auch essen, abends gibt es zum Aperitif kleine Köstlichkeiten.

Wein in Jugendstilregalen – **Enoteca Cotti:** ■ **F 2,** Via Solferino 42, Metro: M2 (Moscova), Bus: 61, 94, Di–Sa 9–13, 15–19.30 Uhr. Die im Jahr 1920 gegründete Weinhandlung bietet eine große Auswahl an Weinen, Spirituosen, aber auch Öl und andere Spezialitäten.

Eine Augenweide – **Freni:** ■ **Karte 2, F 5,** Via Torino 1, www.patticceriafreni.com, Metro: M1, M3 (Duomo), Mo–Fr 9–19.30 Uhr. Die sizilianischen Brüder Freni bieten nun schon in vierter Generation wunderschöne, echt aussehende handgemachte und -bemalte Früchte aus Marzipan. Auch wer kein Marzipan mag: Ein Blick ins Schaufenster lohnt sich.

Pralinen und mehr – **Galli:** ■ **Karte 2, F 5/6,** Corso di Porta Romana 2, www.giovannigalli.com, Metro: M 3 (Missori), Mo–Sa 8.30–13, 14–20, So 9–13.30 Uhr. Galli gab es schon 1911. Dann kamen die Bomben des Zweiten Weltkriegs, 1946 wurde der Laden wieder eröffnet. Seither werden die köstlichen *marrons glacés* wieder einzeln von Hand zubereitet. Auch Pralinen und kandierte Früchte zergehen auf der Zunge.

Feinkosttempel – **Peck:** ■ **Karte 2, F 5,** Via Spadari 9, www.peck.it, Metro: M1 (Cordusio), Tram: 8, 19, Mo 15.30–19.30, Di–Fr 9.15–19.30, Sa 8.45–19.30 Uhr. Peck ist für die Mailänder eine »kulinarische Institution«, der Inbegriff von Gastronomie, Schlemmen und Genuss. In diesem Delikatessentempel, einem Haus mit schöner Jugendstilfassade, findet man vom Kaviar über Käse und Fleisch bis zu Fertiggerichten und Konditoreiwaren (fast) alles, was ein Gourmet begehrt.

Geschenke und Souvenirs

Originelles – **Controbuffet:** ■ **Karte 2, F 3,** Via Solferino 14, Metro: M2 (Moscova), Mo 11–19, Di–Sa 10–19 Uhr. In diesem kleinen Geschäft voller Ideen findet man Originelles aus aller Welt, Lampen und Schmuck.

Concept Store – **High Tech:** ■ **F 2,** Piazza XXV Aprile 12, www.high-tech milano.com, Tram: 11, 29, 30, 33, Mo 13.30–19.30, Di–So 10.30–19.30 Uhr. Beliebtes Loft mit Designerware für Küche und Büro, Wohnzimmer und Bad. Geschenkartikel in allen Preislagen.

Vom Feinsten – **Lorenzi:** ■ **Karte 2, G 4,** Via Monte Napoleone 9, Metro:

Einkaufen

M1 (San Babila), Mo 15–19.30, Di–Sa 9–12.30, 15–19.30 Uhr. Eine Riesenauswahl an schicken, teuren Sammlergegenständen: Vom Austernöffner und Trüffelhobel über Messer mit handgeschnitzten Griffen bis zu ausgefallenen Toilettenaccessoires für den Herrn ist alles zu finden.

Fast alles aus Gummi – **Moroni Gomma:** ■ **Karte 2, G 4,** s. S. 37, Mo 15–19, Di–Sa 10–19 Uhr.

Für Pfeifenliebhaber – **Savinelli:** ■ **Karte 2, F 5,** Via Orefici 2, Metro: M1, M3 (Duomo), Mo 15–19, Di–Sa 10–19 Uhr. Auch der ehemalige Staatschef Sandro Pertini besuchte jedes Mal, wenn er in Mailand weilte, dieses kleine Geschäft. Hier findet man Tabakpfeifen in allen Preislagen, Spezialfeuerzeuge und zig Tabaksorten.

Für den Karneval – **Torriani:** ■ **Karte 2, E 4,** Via Mercato 5, Metro: M2 (Lanza), Tram: 3, 4, 12, Mo 15–19.30, Di–Sa 10–13, 15–19.30 Uhr. Masken, Kostüme, Accessoires, Scherzartikel für die fünfte Jahreszeit.

Märkte

Märkte spielen eine wichtige soziale Rolle in Mailand. Jedes Stadtviertel hat seinen eigenen Wochenmarkt. In den städtischen Lebensmittel-Markthallen kann man zu kontrollierten Preisen frische Ware kaufen. Hier einige besonders schöne Märkte:

Gedeckte Markthalle – **Mercato Piazza Wagner:** ■ **B 4,** Metro: M1 (Piazza Wagner), Di–Sa 8.30–13, 16–19.30, Mo 8.30–13 Uhr. Diese Markthalle bietet wirklich alles, was der Gaumen begehrt.

Straßenmärkte mit interessanten Ständen – **Mercato di Via Benedetto Marcello:** ■ **H/J 2,** nahe Hauptbahnhof, Metro: M1 (Lima), Tram: 33, Bus: 60, Di vormittags; **Mercato di Via Fauché:** ■ **C 1,** Tram: 14, Di vormittags, Sa bis 17 Uhr; **Mercato di Viale Papiniano:** ■ **D 6,** Metro: M2 (Piazza Sant' Agostino), Di vormittags, Sa ganztägig.

Für Bücherfreunde – **Vecchi libri in Piazza:** ■ **Karte 2, F 5,** Piazza Diaz, Metro: M1, M3 (Duomo), Sept.–Juni jeden 2. So im Monat. Die Börse alter und seltener Bücher ist die größte Initiative dieser Art in Europa.

Möbel und Design

Zahlreiche Designgeschäfte liegen in den Straßen um San Babila.

Wohn- und Küchenaccessoires – **Alessi:** ■ **Karte 2, G 4,** Corso Matteotti 9, www.alessi.com, Metro: M1 (San Babila), Mo 15–19, Di–Sa 10–19 Uhr. Nur hier findet man die berühmte Alessi-Kollektion komplett, von klassischen Stücken über Aldo Rossis Kaffeekanne bis zu neusten Kreationen.

Licht und Leuchten – **Artemide:** ■ **Karte 2, G 4,** Corso Monforte 19, www.artemide.com, Metro: M1 (San Babila), Mo 15.30–19, Di–Sa 9.30–12.30, 15.30–19 Uhr. Hier findet man den Showroom der weltbekannten Firma für Lichtdesign. Wer kennt nicht ›Tizio‹ von Sapper oder ›Tolomeo‹ von De Lucchi?

Möbel und Lampen – **Azucena:** ■ **Karte 2, G 5,** Via Passione 8, www.azucena.it, Bus: 94, Mo 15–19, Di–Fr 9–13, 14.30–19, Sa 9–12.30 Uhr. Neuer Showroom der berühmten Designfirma

Einkaufen

mit Lampen und Möbeln, vor allem von Caccia Dominioni, in einem Innenhof.

Küchen – **Boffi:** ■ **Karte 2, F 3,** Via Solferino 11, www.boffi.com, Metro: M2 (Moscova), Mo 15.30–19.30, Di–Sa 9.30–12, 15.30–19.30 Uhr. Showroom der wegweisenden Firma auf dem Gebiet des Küchendesigns.

Bunt und lebendig – **Cappellini:** ■ **Karte 2, G 4,** Via S. Cecilia 4, www.cappellini.it, Metro: M1 (San Babila). Cappellini hat Designermöbel und -objekte für ein junges Publikum.

Frühes Design – **Danese:** ■ **F 6,** Piazza San Nazaro in Brolo 15, Wohndesignprodukte seit den 1950er-Jahren. Evergreens von Bruno Munari und Enzo Mari sowie von jungen Designern.

Innovativ – **Da Driade:** ■ **Karte 2, G 4,** Via Manzoni 30, www.driade.com, Metro: M3 (Monte Napoleone), Tram: 1, 2, Mo 15–19, Di– Sa 10–19 Uhr. Die Avantgardemöbel werden von der Familie Astori entworfen und produziert.

Plastikstühle vom Designer – **Kartell:** ■ **Karte 2, G 3,** Via Carlo Porta 1/Ecke Via Turati, www.kartell.it, Metro: M3 (Turati), Mo 15–19, Di–Sa 10–19 Uhr. Moderne, farbige, funktionelle Möbel aller Art aus Kunststoff.

Stilvoll wohnen – **De Padova:** ■ **Karte 2, G 4,** Corso Venezia 14, www.depadova.it, Metro: M1 (San Babila), Bus: 94. Klassische Möbel mit klaren Formen. Seit den 1950er-Jahren eine gute Adresse für Designliebhaber.

Kreatives Ambiente – **Rossana Orlandi:** ■ **C 5,** Via M. Bandello 14, www.rossanaorlandi.com, Metro: M2 (Sant'Ambrogio), Mo 15–19, Di–Fr 10– 19 Uhr. Der Concept Store mit Möbeln, Kuriositäten und Design-Unikaten befindet sich im Innenhof einer ehemaligen Krawattenfabrik. Während der Möbelmesse trifft man hier auf besondere Installationen. Das benachbarte Modegeschäft für Damen und das Restaurant mit der Bar **Pane e Acqua** unter der Regie von Francesco Passalacqua gehören auch Rossana Orlandi (Tel. 02 48 19 86 22, www.paneacqua.com, So, Mo mittags geschl., Mittagsgericht 18 €, Degustationsmenü abends 55 €)

Irisch-italienisch – **Salvatore & Marie:** ■ **D 7,**Via Vigevano 33, Metro: M 2 (Porta genova), Tram: 9 .Originelle Designermöbel, Kleidung und Objekte aus der Eigenproduktion des Italieners Salvatore und der Irin Marie.

Mode und Accessoires

Bit of everything – **10 Corso Como:** ■ **F 2,** Corso Como 10, www.10corsocomo.com, Metro: M2 (Garibaldi), tgl. 10.30–19.30, Di, Do bis 21 Uhr. Auf zwei Stockwerken um einen gemütlichen, ruhigen Innenhof findet man in dieser Trendboutique einfach alles: Mode, Bücher, Musik, Design, eine Galerie für Foto- und Kunstausstellungen (www.galleriacarlasozzani.org), Cafés, Restaurant und sogar drei luxuriöse Suiten (www.3rooms10corsocomo.com, Single 340 €, Double 520 € die Nacht). Gleich um die Ecke, in der Via Tazzoli 3, befindet sich das Outlet von 10 Corso Como mit stark ermäßigten Stücken der letzten Saison.

Elegantes mit Pfiff – **Biffi:** ■ **Karte 2, E 6,** Corso Genova 6, Bus: 94, Mo 15.30–19.30, Di–So 9.30–13.30, 15–19.30 Uhr. Sowohl Herren- als auch Damenmode, klassisch und modern.

Einkaufen

Outlet

Wer in einem der Outlet-Zentren ›volltanken‹ möchte und dazu noch Zeit und ein Auto hat, kann nach Mendrisio fahren, das gleich hinter der Schweizer Grenze bei Como liegt (etwa 55 km). In den **Foxtown Factory Stores** in Mendrisio gibt es 130 Stores der wichtigsten Modehäuser wie Gucci, Prada, Valentino, die hier Kleidungsstücke aus der letzten Saison mit 30–70 % Ermäßigung anbieten (tgl. 11–19 Uhr, Tel. 0041 848 82 88 88, www.foxtown.ch).
Auch **Mc Arthur Glen Serravalle Outlet** an der Autobahn Richtung Genua, Ausfahrt Serravalle Scrivia (etwa 120 km), ist täglich geöffnet. Hier steht eine regelrechte Modestadt mit kleinen Straßen und etwa 150 Boutiquen. Man sollte vermeiden, die Läden samstags und sonntags zu besuchen (tgl. 10–19 Uhr, Tel. 01 43 60 90 00, www.mcarthurglen.it/serravalle).

Kleidungsstücke mit Witz und Poesie – **Colomba Leddi Sartoria:** ■ **D 3,** Haus für Damenmode, Via Revere 3, Tel. 02 48 01 41 46, Metro: M1, M2 (Cadorna), Mo–Fr 17–19.30 Uhr. Aus schönen Stoffen werden schlichte Jacken und Kleider mit Pfiff maßgeschneidert. Hier sucht sich besonders die linksintellektuelle Frau ihre Modelle aus.

Eigene Kollektionen – **Coco:** ■ **F 2,** Via Varese 4, Metro: M 2 Moscova. Man muss wissen wohin, denn der Laden ist im Innenhof (Klingel am Tor)! Eine Auswahl an gut geschneiderten Kleidungsstücken aus natürlichen Stoffen. Auch Schuhe.

Mode aus der letzten Saison – **Il Salvagente:** ■ **J 5,** Via Fratelli Bronzetti 16, Bus: 60, 62, Mo 15–19, Di–Sa 10–19 Uhr. Dies ist vielleicht die berühmteste Adresse, um Designermode der vergangenen Saison zu erschwinglichen Preisen zu erstehen.

Letzter Schrei – **Le Solferine:** ■ **Karte 2, F 3,** Via Solferino 2, Bus 94, Mo 15–19.30, Di–Sa 10–19.30 Uhr. Extravagante, trendy Schuhe.

Modisch – **Vetrina di Beryl:** ■ **Karte 2, F 3,** Via Statuto 4, Metro: M2 (Moscova), Mo 15–19.40, Di–Sa 10–19.40 Uhr. Seit Jahren ist die Vetrina di Beryl eines der beliebtesten Schuhgeschäfte der Stadt. Hier gibt es Schuhwerk in allen Farben und Formen und auch super trendy Mode.

Schmuck

Kreativer Schmuck – **Anaconda:** ■ **Karte 2, G 5,** Via Bergamini 7, www.anacondamilano.com, Tram: 12, 27, Bus: 54, 60, 65, Di–Sa 10–14, 15–19 Uhr (Aug. geschl.). Monica Rossi mischt in ihren Schmuckentwürfen Tradition mit der Klarheit moderner Designs.

Aus den verschiedensten Materialien – **Pellini:** ■ **Karte 2, F/G 4,** Via Manzoni 20, Metro: M3 (Monte Napoleone), M1 (Cordusio), auch in Via Morigi 9 und Corso Magenta 11, Mo 15.30–19, Di–Sa 10–19 Uhr. Donatella Pellini beweist, dass man eleganten Schmuck auch aus Glas, Kunstharz und Halbedelsteinen herstellen kann. Sie entwirft auch Hüte und Taschen.

Ausgehen – abends und nachts

Die Mailänder gehen viel und gerne aus. Nach einem frenetischen Arbeitstag ist das Bedürfnis nach Abwechslung und Relaxen besonders groß. Es ist schwer vorstellbar, dass sich eine so arbeitsame Stadt so ausgiebig ins Amüsement stürzen kann. Und das gibt es denn auch für jeden Geschmack: Clubs und Lounge Bars, Musikkneipen, Kinos und Theater. Doch in das Abendprogramm ›einsteigen‹ tun alle mit demselben Ritual, dem Aperitivo!

Einstieg oder abendfüllendes Programm: der Aperitivo
Den Aperitivo schätzen alle, mit ihm beginnt man den Abend. In fast allen Bars und Lokalen zahlt man für ein Getränk – ein Glas Wein oder einen Cocktail – und bekommt allerlei Köstlichkeiten dazu. Manchmal gibt es sogar ein so reiches Buffet, dass es ein Abendessen ersetzen kann! Denn Happy Hour bedeutet in Mailand nicht, zwei Getränke zum Preis von einem zu nehmen, sondern ein üppiges kaltes und warmes Buffet vorzufinden. Ein Aperitivo kann auch schon mal den ganzen Abend füllen, zumal es in den Discos erst nach Mitternacht losgeht.

Für jeden etwas
Es gibt zahlreiche Ecken, wo man sich amüsieren kann: im touristischen, schicken Brera-Viertel ist in den von Bars und Lokalen gesäumtem Gassen viel los, an den romantischen Navigli findet jeder etwas, um den Corso Como, der nun Fußgängerzone ist, reihen sich immer mehr glamouröse Clubs, in denen sich Models, Fußballspieler und Stars aus dem Showbusiness tummeln. Strenge Türhüter wachen am Eingang. Am Arco della Pace und am Anfang des Corso Sempione eröffnen ständig neue, eher schicke Lokale. Auch in der Città Studi (K 2), der Gegend um die Universität, gibt es diverse beliebte Kneipen, vor allem englische Pubs und Cocktailbars. Das Quartiere Isola (F 1) hinter der Stazione di Porta Garibaldi mit dem Blue Note und dem Nordest Caffè entwickelt sich immer mehr zu einem beliebten Szeneviertel.

Eine alternative Szene bieten die Centri Sociali (Jugendzentren) wie das Leoncavallo und die Circoli Arci.

Nachtleben auf der grünen Wiese
Im Sommer zieht das Nachtleben nach draußen: Dann werden auch die Clubs am Idroscalo, dem künstlichen See in Flughafennähe, der städtischen Konkurrenz vorgezogen, so beispielsweise das Solaire an der Circonvallazione Est oder die Lokale am Ippodromo, der Rennbahn. Und in der Stadt haben in der warmen Jahreszeit die Lokale im Grünen, an den Schwimmbädern, im Parco Sempione, am Arco della Pace, am Parco delle Basiliche von San Lorenzo und Sant'Eustorgio Hochkonjunktur.

Ausgehen

Bars und Kneipen

Viele Lokale lassen sich schwer auf einen Nenner bringen, denn je nach Tageszeit kann man dort essen, trinken Musik hören oder tanzen.

Anspruchsvolles Konzert- und Theaterprogramm

Das Musikprogramm in Mailand ist groß und anspruchsvoll. Berühmt ist natürlich die Scala. Im Auditorium Mahler und im Teatro dal Verme finden interessante Konzerte statt, neben klassischer oft auch moderner oder zeitgenössischer Musik. Beide Säle haben eine sehr gute Akustik. Neben dem Piccolo Teatro mit seinen drei Spielstätten gibt es eine Reihe von großen und kleineren Bühnen wie das Teatro Verdi oder das Teatro Arsenale.

Mailand ist die italienische Hauptstadt des Kabaretts. Viele Fernseh- und Kinokomiker haben hier ihre ersten Schritte gemacht. Das Lokal Zelig ist schon seit Jahrzehnten ein Mythos.

Aktuelle Programmübersicht

Die Tageszeitungen »Corriere della Sera« und »La Repubblica« bieten auf ihren Lokalseiten einen Überblick über sämtliche Veranstaltungen. Ihre Beilagen – »Vivimilano« mit dem »Corriere della Sera« am Mittwoch und »Tutto Milano« mit der »Rebubblica« am Donnerstag – geben eine gute Vorschau samt Restaurant- und Einkaufstipps. Beim Fremdenverkehrsbüro (IAT) liegen die Broschüren »Milano Mese« und »Hello Milan« mit Informationen und Tipps auf Englisch und Japanisch aus. »Radio Popolare FM« (101,5–107,6) sendet nebst Nachrichten, Musik und Interviews laufend Informationen über die Ereignisse in der Stadt. ›Underground-Infos‹ findet man im Heftchen »Zero2«, das in Lokalen ausliegt.

Haltestelle: Jazz – **ATM Bobino:** ■ **E 2,** Bastioni di Porta Volta 15, Tel. 02 89 45 49 88, www.atmbarmilano.com, Metro: M2 (Moscova), Mo–Sa 18– 2 Uhr. Der ehemalige Wartesaal ist an der Straßenbahn-Endstation auf einer Verkehrsinsel gelegen. Die beliebte Bar wurde jüngst um eine Dachterrasse erweitert, auf der man wie auf einem Schiffsdeck über dem rauschenden Verkehr segelt. Es gibt gute Cocktails und auch die Möglichkeit zu speisen.

Cocktails seit über 35 Jahren – **Bar Basso:** ■ **J 3,** Via Plinio 39, Tel. 02 29 40 05 80, www.barbasso.com, Metro: M1 (Lima), Mi–Mo 9–1.15 Uhr. Diese Bar ist schon fast eine Institution. Vor über 35 Jahren wurde hier der Negroni Sbagliato erfunden, eine nicht ganz so ›heftige‹ Negroni-Version mit Sekt statt Gin. Vor allem Künstlern und Designer treffen sich gern in dieser Cocktailbar.

Fast private Atmosphäre – **Bar Rita:** ■ **D 7,** Via Fumagalli 1, Tel. 028 37 28 65, Metro: M2 (Porta Genova), Mo– Sa 18.30–2 Uhr. Kleine Bar, in der man einen liebevoll zubereiteten Cocktail trinkt und nette Leute trifft.

Pariser Flair – **La Belle Aurore:** ■ **J 3/4,** Via Castellmorrone/Ecke Via Abamonti, Tel. 022 94 06 21, Tram: 5, 23, Bus: 54, 60, 61, Mo–Sa 8.30–2 Uhr. Weiße Marmortische, Zeitungen, morgens heiße Croissants, mittags einige warme Gerichte und gegen Abend gute Aperitifs: Hierher kommt man, um sich in entspannter Atmosphäre zu unterhalten.

Immer gut besucht – **Le Biciclette:** ■ Karte 2, **E 6,** Via Torti 8, Tel. 028 39 41 77, www.lebiciclette.com, Bus: 94, tgl. 18–2 Uhr, sonntags Brunch

Ausgehen

Die kleine **Via Vetere (E 6**; Bus: 94, Tram: 3) ist von diversen Lokalen gesäumt. Hier kann sich jeder das aussuchen, was ihm am meisten zusagt. Beliebt ist die Bar Ratazzo für ein Bier zwischendurch. Im Sommer sind die Lokale so gut besucht, dass sich das Publikum z. T. bis hinaus zum Parco delle Basiliche tummelt.

20 €, abends je nach Gericht ab ca. 15 €. Der Name erinnert daran, dass hier einst Fahrräder hergestellt wurden. Heute wird im Biciclette gegessen und getrunken. Der lange Tresen, der zur Happy Hour ein reichhaltiges Buffet präsentiert, lockt viele zum Aperitif her. Wie in vielen anderen Lokalen gibt es auch hier jeden Monat eine Kunstausstellung.

Kunterbuntes Programm – **Bitte: außerh. (A 8)**, Via Watt 37, Tel. 02 36 53 10 11, www.bittemilano.com, Metro: M2 (Porta Genova), dann Buslinie 74 (Watt), Di 22–ca 3 Uhr Raggae, Do ab ca. 21 Uhr Konzerte, Fr und Sa ab ca 23 Uhr Musik mit berühmten DJs Rock& Roll, Elektronik, Jahresmitgliedskarte Arci 12 €. In dieses große ehemalige Industriegebäude kommt viel Jugend. Denn es wird jeden Abend etwas geboten: Livekonzerte, Theateraufführungen, Buchpräsentationen, Kunstausstellungen, Performances, Filme, Feste …

Dinner Club – **Café Atlantique: J 7,** Viale Umbria 42, Tel. 199 11 11 11, www.cafeatlantique.it, Bus: 90, 91, Do–So 19–3 Uhr. Von außen würde man nie auf die Idee kommen, dass dies eine der Kultadressen Mailands ist. Ein riesiger Glasfaser-Kronleuchter ziert den Tresen dieses großen Clubs mit mehreren Räumen, der eine Mischung aus Restaurant und Disco ist.

Köstliche Cocktails – **Cape Town Café:** **D 7,** Via Vigevano 3, Tel. 02 89 40 30 53, Metro: M2 (Porta Genova), Tram: 9, 29, 30, Mo–Sa 7–2, So 18–2 Uhr. Das Café ist ideal, um den Abend bei einem wirklich guten Cocktail zu beginnen. Alternatives Publikum, junge Künstler und Kreative. Die Musik ist nie zu laut, so dass man sich gut dabei unterhalten kann.

Frauenbewegt – **Cicip e Ciciap: E 7,** Via Col di Lana 8, Tel. 0039 39 38 98 72 15, www.cicipeciciap.org, Tram: 9, 15, Mi–So ab 19 Uhr. Nur für Frauen. Im traditionellen Lokal der Mailänder Frauenbewegung, das seit März 2012 diese neue Adresse hat, gibt es auch Diskussionsabende, Tanz, Musik, Buchvorstellungen oder Theateraufführungen. Man braucht eine Mitgliedskarte.

Kolonialstil – **Exploit:** **Karte 2, E 6,** Via Pioppette 3, Tel. 02 89 40 86 75, www.exploitmilano.com, Tram: 3, Bus: 94, tgl. 12–2 Uhr. Ein beliebtes und vor allem zum Aperitif immer volles Lokal; auch Restaurant. Im Sommer sitzt man schön draußen mit Blick auf die römischen Säulen von San Lorenzo.

Jugendtreff – **Frida Cafè:** **F 1,** Via Pollaiolo 3, Tel. 02 68 02 60, www.fridaisola.it, Metro: M2 (Garibaldi), Tram: 7, 31, Cocktails tgl. 18–2, Mo–Fr auch 9–15 Uhr. Das Caffè bietet einfach alles: Unter der Woche kann man hier mittags essen, jeden Tag ab 18 Uhr gibt's Cocktails und sonntags von 12 bis 16 Uhr Brunch (Branz). Auch Veranstaltungsort für Ausstellungen und Konzerte, mit Eco-Fashion-Shop.

Austern schlürfen – **Radetzky: F 2,** Corso Garibaldi 105, Metro: M2 (Moscova), Bus: 41, 94, Mo–Sa 7–1 Uhr. Diese Bistro-Bar ist seit über 20

Ausgehen

Jahren en vogue und besonders abends immer voll. Morgens kann man hier frühstücken, mittags und abends bei gedämpfter klassischer Musik Kleinigkeiten speisen. Gute Aperitifs, Sekt mit Austern, Cocktails.

Künstlerische Atmosphäre – **Le Trottoir à la Darsena:** ■ **E 7,** Piazza XXV Maggio, Tel. 028 37 81 66, www.letrotoir.it, Tram: 3, 9, tgl. 11–2 Uhr, ab 22.30 Uhr Livemusik. Die belebte Kneipe mit Kunstwerken, einem bunt gemischten Publikum und einer bis spät in die Nacht geöffneten Küche hat Unterkunft in einem der alten Zollhäuser auf der Piazza XXV Maggio gefunden. Oft sitzt hier der Krimi-Autor Andrea Pinketts, dem ein Raum gewidmet ist. Livekonzerte und Kulturprogramm.

Diskotheken

Auch Livekonzerte – **Alcatraz:** ■ nördlich **E 1,** Via Vatellina 21/27, Tel. 02 69 01 63 52, www.alcatrazmilano.com, Metro: M3(Macciachini), Tram: 3, 4, Fr, Sa 23–4 Uhr. Die größte Disco Mailands in einer ehemaligen Fabrik mit hochmoderner Licht- und Audioanlage rekrutiert Tänzer zu House und Rockmusik. Hier gibt es auch große Livekonzerte und Happenings.

Exzentrisch – **Il Gattopardo:** ■ **C 1,** Via Piero della Francesca 47, Tel. 02 34 53 76 99, www.ilgattopardocafe.it, Di–So 18–3 Uhr, Bus: 94. Diese Discobar ist der theatralischste Ort der Stadt, eine entweihte Kirche mit barocken Szenerien wie aus einem Film von Visconti. Bis 22 Uhr Aperitif mit Riesenbuffet, anschließend Tanz. Publikum ab 35 Jahren.

Glamour pur – **Hollywood:** ■ **F 2,** Corso Como 15, Tel. 0039 338 252 14 81, www.discotecahollywood.it, Metro: M2 (Stazione Garibaldi), Di–So 23.30–5 Uhr. Eine der Topadressen in Mailand. Hier tanzt, wer mit Mode zu tun hat und natürlich auch, wer Models und Fotografen sehen möchte, nachdem er es geschafft hat, die strengen Türhüter zu passieren. Di sind vor allem Studenten hier, sonntags wird's mondän. Die bekanntesten DJs sorgen für gute Musik.

Beliebte Disco – **Killer Plastic:** ■ **J 5,** Viale Umbria 120, Tel. 02 73 39 96, Metro: M3 (Lodi), Tram: 12, Bus: 37, 45, 66, 92, Fr–So 23–5 Uhr. Seit über 30 Jahren gehört diese Disco für ein sehr breites Publikum dank ihrer DJs und der Musikauswahl zu den beliebtesten Tanzpalästen. Farbiger Look und viel Stimmung garantiert. Gespielt wird House und Rockmusik.

Riesendisco – **Lime Light:** ■ **F 7,** Via Castelbarco 11, Tel. 02 58 31 06 82, www.discolimelight.it, Bus 90/91, Mi–Sa 21–5 Uhr. Die große Disco befin-

Über den Dächern der Stadt

In New York heißen sie ›roof bars‹. Nun entdeckt auch Mailand die ›vertikalen‹ Bars: Die Happy Hour zieht in die oberen Etagen, so im Hotel Gray, das auch Nicht-Hotelgästen offen steht, im Hotel Cavalieri und im Park Hyatt Hotel, in der Rinascente und im Globe in der Piazza Cinque Giornate. Das neue ATM Bobino (s. S. 105) ist zwar nicht so hoch gelegen, verfügt dafür aber über eine Dachterrasse.

Ausgehen

Das Navigli-Viertel ist eine ›der‹ Adressen für Nachtschwärmer

det sich hinter der Università Bocconi. Geboten wird House Music von italienischen DJs.

Livekonzerte – **Magazzini Generali:** ■ **G 8,** Via Pietrasanta 14, Tel. 025 39 39 48, www.magazzinigenerali.it, Metro: M3 (Lodi) und ab dort Bus 90, Mitte Sept.–Mitte Juni Mi, Fr, Sa 23.30– 5 Uhr. In einem ehemaligen Fabrikgebäude residiert diese Riesendisco auf zwei Stockwerken und bietet jeden Abend ein neues Programm. Es gibt gute Musik, oft auch Livekonzerte, sehr gemischtes Publikum und immer Highlife.

Trotz des Namens immer in – **Old Fashion Café:** ■ **D 3,** Viale Alemagna 6, Tel. 028 05 62 31, www.oldfashion.it, Metro: M1, M2 (Cadorna), Bus: 61, Mi–Mo Aperitif ab 20, Restaurant ab 21.30, Disco 24–4 Uhr. Diese seit jeher beliebte Bar mit Restaurant und Disco im Palazzo della Triennale bietet im Sommer auch die Möglichkeit, draußen zu tanzen. Viele Erasmus-Studenten kommen mittwochs zum internationalen Abend.

Kino

Das Kinoprogramm entnimmt man den Tageszeitungen. Es gibt Kinos für Erstaufführungen *(prime visioni),* für Filme in ihrer Originalsprache sowie Filmkunstkinos (Cinema d'Essay und Arte e Cultura). Eine wichtige Änderung der letzten Jahre: Die Cineteca Museo del Cinema ist leider aus dem Palazzo Dugnani weggezogen und hat ihren

Ausgehen

neuen Sitz in Viale Fulvio Testi 121, www.cinetecamilano.it.

Spannendes Programm – **Anteo:** ■ **F 2,** Via Milazzo 9, Tel. 026 59 77 32, www.spaziocinema.info, Metro: M2 (Moscova). Ein gutes, bei Cineasten beliebtes Programmkino, das auch Filme in der jeweiligen Originalsprache zeigt. Es gibt auch eine sehr nette Bar, das empfehlenswerte Restaurant Osteria del Cinema (Tel. 02 29 01 14 75, www.osteriadelcinem.biz.ly) und eine Filmbuchhandlung, in der man Bücher, Poster, T-Shirts, Filmmusik, Videos u. v. a. bekommt.

Anspruchsvolles Programm– **Spazio Oberdan Cineteca Italiana** ■ **H 3,** Viale Vittorio Veneto 2, Tel. 02 77 40 63 00, www.cinetecamilano.it, Metro: M1 (Porta Venezia), Tram: 9, 29, 30. Von Gae Aulenti und Carlo Lamperti entworfenes Kulturzentrum, in dem Ausstellungen und interessante Filmvorführungen stattfinden.

Konzerte und Oper

Gigantisches Musikfestival – **MITO:** www.settembremusica.it (s. S. 18). Gut 200 Konzerte machen Mailand und Turin im September zur größten Bühne Europas.

Auch Zeitgenössisches – **Auditorium di Milano:** ■ **E 8,** Largo Gustav Mahler, Tel. 02 83 38 94 01/02/03, www.auditoriumdimilano.org, Tram: 15. Das Auditorium mit einer sehr guten Akustik hat ein interessantes Programm oft auch zeitgenössischer Musik.

Ein Hochgenuss – **Scala:** ■ **Karte 2, F 4,** s. S. 32

Gute Akustik – **Teatro dal Verme:** ■ **Karte 2, E 4,** Via S. Giovanni sul Muro 2, Tel. 02 87 90 52 01, www.dalverme.org, Metro: M1 (Cairoli). Prächtiger, restaurierter Konzertsaal, der über eine sehr gute Akustik verfügt.

Theater- und Musikmanagement – **Teatro degli Arcimboldi:** ■ **nördlich H 1,** Viale degli Innovazione 20, Tickets Tel. 026 41 14 22 12, www.teatroarcimboldi.it, www.ticketone.it, Metro: M1 (Precotto) und dann Tram 7. Das Theater in der Bicocca, dem früheren Pirelli-Gelände, war zunächst Ausweichquartier der Scala. In der eleganten Oper mit 2375 Plätzen finden Opern, Konzerte und Ballettaufführungen statt.

Livemusik

Hochkarätiger Jazz – **Blue Note:** ■ **F 1,** Via Borsieri 37, Tel. 02 69 01

Arci-Mitgliedskarte

Die Circoli Arci sind Lokale mit einem meist interessanten kulturellen Programm. Die Migliedskarte (Jahresbeitrag 12 €) gilt in ganz Italien für die Circoli Arci und beschert in manchen Kinos, Ausstellungen und Theatern Ermäßigungen. In Mailand gibt es eine Reihe von Arci-Lokalen – Bar, Restauarnt oder auch Livemusik – mit jungem, alternativem Publikum, so das Magnolia (s. S. 110), La Casa 139 (s. o.) oder La Scighera (Via Candiani 131). Die Preise sind erheblich niedriger als sonst in Mailand üblich.

Ausgehen

Kirchen- und andere Konzerte

Sehr lohnend sind die Konzerte in den Kirchen San Marco, San Satiro, in der Sakristei von Santa Maria delle Grazie und vor allem in der Kirche San Maurizio, bei denen man sich sowohl an der Musik als auch an den wunderschönen Fresken erfreut. Unter dem Namen Musica nei cortili finden im Sommer Konzerte in den Höfen der Mailänder Palazzi statt.

68 88, www.bluenotemilano.com, Metro: M2 (Garibaldi), M3 (Zara), Tram: 11, Bus: 82, Di–So 19.30–2 Uhr. Mailand wurde als erste europäische Stadt für eine Dependance des berühmten New Yorker Lokals erkoren. Warme Farbtöne, gute Cocktails, Restaurant. Jeden Abend gibt es zwei Konzerte.

Gewusst wo – **La Casa 139:** ■ **südlich G 8,** Via Ripamonti 139, Tel. 02 45 48 82 67, Tram: 24, Mo–Sa 22–4 Uhr, Jahresmitgliedkarte Arci (s. u.). Viele berühmte Musiker der alternativen Szene haben hier gespielt, als sie noch kaum jemand kannte. In fast privater Atmosphäre werden auch Theater- und Kabarettaufführungen und Kunstausstellungen dargeboten.

Beliebter Jazzclub – **Salumeria della Musica:** ■ **südl. G 8,** Via Pasinetti 2, Tel. 02 56 80 73 50, www.lasalumeria dellamusica.com, Mo–Sa 21–2 Uhr, So geschl., Tram: 24. Disco-Bar mit interessanten Live-Konzerten in einer ehemaligen Fabrik, überwiegend Jazz. Zu essen gibt es Salumi (Aufschnitt) und Käse.

Alternative Jugend Mailands – **Centro Sociale Leoncavallo:** ■ **nördlich H 1,** Via Watteau 7, Tel. 02 26 14 02 87 oder 026 70 48 37, www.le oncavallo.org. Berühmt-berüchtigtes Jugendzentrum, in dem Konzerte, Theater, Filme und Treffen jeder Art stattfinden, immer wieder auch mit internationalen Gästen.

Im Grünen – **Magnolia:** ■ **östlich K 5,** Via Ciconvallazione Idroscalo 41, Tel. 02 75 61 046, www.circolomagno lia.it, Bus 73 bis Segrate Aeroporto Linate, dann zu Fuß Richtung Idroscalo, Fr, Sa 21.30–4 Uhr, oft auch unter der Woche bis 2 Uhr. Das Circolo Magnolia liegt nicht weit vom Flughafen Linate am Idroscalo. Vom 1. Juni bis 18. September braucht man keine Arci-Mitgliedskarte, während sie in den Wintermonaten obligatorisch ist. Das Magnolia liegt etwas außerhalb im Grünen, was in den heißen Sommermonaten sehr geschätzt wird. Hier gibt es Konzerte jeder Art. Im Sommer Pizzeria und Grill (niedrige Preise, Cocktail 5 €).

Ein Evergreen – **Scimmie** ■ **E 8,** s. S. 63

Multifunktionell – **Forum di Assago:** ■ **südlich C 8,** Via Vittorio 6, in Assago, Tel. 199 12 88 00, www.forumnet. it, Metro: M2 (Famagosta), dann Bus: 320. Das Forum di Assago ist ein moderner Mehrzweckkomplex. Ein großes Sportzentrum für Tennis, Basketball und andere Sportarten und für andere Veranstaltungen. Es gibt eine Eislaufbahn und ein Schwimmbad. Außerdem finden hier zahlreiche Rock- und Popkonzerte statt mit Platz für etwa 12 000 Zuschauer.

Ausgehen

Schwul und lesbisch – Gayszene

Einer der ältesten Gayclubs – **After Line:** ■ **H 1,** Via Sammartini 25, Tel. 02 66 92 130, www.afterline.it, Metro: M2, M3 (Centrale F.S.), tgl. 21–3 Uhr. Immer gut besuchter Discobar der Gayszene in der ›Gaystreet‹ Mailands. Das After Line bietet spektakuläre Shows.

Kunterbunt – **Lelephant:** ■ **H 3,** Via Melzo 22, Tel. 02 29 51 87 68, www.lelephant.it, Metro: M1 (Porta Venezia), Di–So 18.30–2 Uhr. Modischer, nicht sehr großer, immer voller Pub. Gedämpftes Licht. Es gibt gute Cocktails und Kleinigkeiten zum Essen. Das Lokal ist zwar ›hetero‹, aber auch bei Homosexuellen sehr beliebt.

Theater

Avantgarde – **CRT Teatro dell'Arte:** ■ **D 3,** Viale Alemagna 8, Tel. 02 89 01 16 44, www.teatrocrt.it, Metro: M1, M2 (Cadorna). Das Theater am Parco Sempione ist besonders bei Freunden der Avantgarde beliebt.

Drei Spielstätten – **Piccolo Teatro di Milano:** www.piccoloteatro.org, Tel. aus Italien 848 80 03 04, aus dem Ausland 0039 02 42 41 18 89. Der Palazzo Carmagnola ist der Sitz des 2009 wiedereröffneten Piccolo Teatro. Das 1947 von Giorgio Strehler und Paolo Grassi als erstes Stadttheater Italiens gegründete Piccolo wurde unter Strehlers Regie nicht nur das wichtigste Theater Italiens, sondern in der gesamten Theaterwelt berühmt. Seit Strehlers Tod 1997 ist Luca Ronconi der künstlerische Direktor. Heute hat das Piccolo Teatro drei Spielstätten: Das Urtheater, das heutige Teatro Grassi, und zwei Häuser, die nahe des Castello zu finden sind: das im Januar 1998 eröffnete große Teatro Giorgio Strehler und nebenan das vom Architekten Zanuso umgebaute ehemalige Operettenhaus Teatro Studio.

Das alte Piccolo – **Teatro Grassi:** ■ **Karte 2, F 4,** Via Rovello 2, Metro: M1 (Cordusio, Cairoli)

Das neue, große Piccolo – **Teatro Giorgio Strehler:** ■ **Karte 2, E 3,** Largo Greppi, Metro: M2 (Lanza), Tram: 3, 4, 12, 14, Bus: 61. Die große Bühne des Piccolo wird auch für Konzerte genutzt.

Die Studiobühne des Piccolo – **Teatro Studio:** ■ **Karte 2, E 3,** Via Rivoli 6, Metro: M2 (Lanza), Tram: 3, 4, 12, 14, Bus: 61

Fünf Säle – **Teatro Parenti:** ■ **H 6/7,** Via Pierlombardo 14, Tel 025 99 52 06, www.teatrofrancoparenti.it, Tram: 9, 29, 30. Das Theater mit fünf verschiedenen Sälen bietet ein abwechslungsreiches Programm von klassischem und Avantgardetheater bis hin zu Tanz. Mit Restaurant.

Abwechslungsreiches Programm – **Teatro Verdi:** ■ **F 1,** Via Pastrengo 16, Tel. 026 88 00 38, www.teatrodelburatto.it/teatroverdi, Metro: M2 (Garibaldi), M3 (Zara). Dieses kleine Theater bietet ein interessantes, abwechslungsreiches Programm, oft auch mit Gastspielen kleiner europäischer Bühnen.

Kabarett – **Zelig:** ■ **nördlich K 1,** Viale Monza 140, Tel. 022 55 17 74, www.areazelig.it, Metro: M1 (Turro), Bus: 46, Mo geschl. Viele berühmte italienische Komiker haben hier ihre Karriere begonnen.

Sprachführer Italienisch

Aussprachregeln
In der Regel wird Italienisch so ausgesprochen wie geschrieben. Treffen zwei Vokale aufeinander, so werden beide einzeln gesprochen (z. B. E-uropa). Die Betonung liegt bei den meisten Wörtern auf der vorletzten Silbe. Liegt sie auf der letzten Silbe, wird ein Akzent verwendet (z. B. città, caffè). Die weiteren hier verwendeten Akzente sollen lediglich die Aussprache erleichtern, finden sich aber nicht im geschriebenen Italienisch.

Konsonanten
- **c** vor a, o, u wie k, z. B. conto; vor e, i wie tsch, z. B. cinque
- **ch** wie k, z. B. chiuso
- **ci** vor a, o, u wie tsch, z. B. doccia
- **g** vor e, i wie dsch, z. B. Germania
- **gi** vor a, o, u wie dsch, z. B. spiaggia
- **gl** wie ll in Brillant, z. B. taglia
- **gn** wie gn in Kognak, z. B. bagno
- **h** wird nicht gesprochen
- **s** teils stimmhaft wie in Saal, z. B. museo; teils stimmlos wie in Haus, z. B. sinistra
- **sc** vor a, o, u wie sk, z. B. scusi; vor e, i wie sch, z. B. scelta
- **sch** wie sk, z. B. schiena
- **sci** vor a, o, u wie sch, z. B. scienza
- **v** wie w, z. B. venerdì
- **z** teils wie ds, z. B. zero; teils wie ts, z. B. zitto

Allgemeines
guten Morgen/Tag	buon giorno
guten Abend	buona sera
gute Nacht	buona notte
auf Wiedersehen	arrivederci
entschuldige(n Sie)	scusa (scusi)
hallo/grüß dich	ciao
bitte	prego/per favore
danke	grazie
ja/nein	si/no
Wie bitte?	come?/prego?

Unterwegs
Haltestelle	fermata
Bus/Auto	autobus/mácchina
Ausfahrt/-gang	uscita
Tankstelle	stazione di servizio
rechts/links	a destra/a sinistra
geradeaus	diritto
Auskunft	informazione
Bahnhof/Flughafen	stazione/aeroporto
alle Richtungen	tutte le direzioni
Einbahnstraße	senso único
Eingang	entrata
geöffnet	aperto/-a
geschlossen	chiuso/-a
Kirche/Museum	chiesa/museo
Strand	spiaggia
Brücke	ponte
Platz	piazza/posto

Zeit
Stunde/Tag	ora/giorno
Woche	settimana
Monat	mese
Jahr	anno
heute/gestern	oggi/ieri
morgen	domani
morgens/abends	di mattina/di sera
mittags	a mezzogiorno
früh/spät	presto/tardi
Montag	lunedì
Dienstag	martedì
Mittwoch	mercoledì
Donnerstag	giovedì
Freitag	venerdì
Samstag	sábato
Sonntag	doménica

Notfall
Hilfe!	Soccorso!/Aiuto!
Polizei	polizía
Arzt	médico
Zahnarzt	dentista
Apotheke	farmacía
Krankenhaus	ospedale
Unfall	incidente
Schmerzen	dolori
Panne	guasto

Übernachten
Hotel	albergo
Pension	pensione
Einzelzimmer	camera singola
Doppelzimmer	camera doppia
mit/ohne Bad	con/senza bagno

Sprachführer

Toilette	bagno, gabinetto	kaufen	comprare
Dusche	doccia	bezahlen	pagare
Handtuch	asciugamano		
mit Frühstück	con prima colazione	**Zahlen**	
Halbpension	mezza pensione	1 uno	
Gepäck	bagaglio	2 due	17 diciassette
Rechnung	conto	3 tre	18 diciotto
Quittung	ricevuta	4 quattro	19 diciannove
wecken	svegliare	5 cinque	20 venti
		6 sei	21 ventuno
Einkaufen		7 sette	30 trenta
Geschäft/Markt	negozio/mercato	8 otto	40 quaranta
Kreditkarte	carta di crédito	9 nove	50 cinquanta
Geld	soldi	10 dieci	60 sessanta
Geldautomat	bancomat	11 ùndici	70 settanta
Lebensmittel	alimentari	12 dòdici	80 ottanta
teuer	costoso/-a	13 trédici	90 novanta
billig	a buon mercato	14 quattordici	100 cento
bar	in contanti	15 quindici	150 centocinquanta
Größe	taglia	16 sédici	200 duecento
			1000 mille

Die wichtigsten Sätze

Allgemeines
Sprechen Sie … Deutsch/Englisch? Parla … tedesco/inglese?
Ich verstehe nicht. Non capisco.
Ich spreche kein Italienisch. Non parlo italiano.
Ich heiße … Mi chiamo …
Wie heißt Du/heißen Sie? Come ti chiami/si chiama?
Wie geht es Dir/Ihnen? Come stai/sta?
Danke, gut. Grazie, bene.
Wie viel Uhr ist es? Che ora è?

Unterwegs
Wie komme ich zu/nach …? Come faccio ad arrivare a …?
Wo ist bitte …? Scusi, dov'è …?
Könnten Sie mir bitte … zeigen? Mi potrebbe indicare …, per favore?

Notfall
Können Sie mir bitte helfen? Mi può aiutare, per favore?
Ich brauche einen Arzt. Ho bisogno di un médico.
Hier tut es weh. Mi fa male qui.

Übernachten
Haben Sie ein freies Zimmer? C'è una cámera libera?
Wie viel kostet das Zimmer pro Nacht? Quanto costa la cámera per notte?
Ich habe ein Zimmer bestellt. Ho prenotato una cámera.

Einkaufen
Wie viel kostet …? Quanto costa …?
Ich brauche … Ho bisogno di …
Wann öffnet/schließt …? Quando apre/chiude …?

Kulinarisches Lexikon

Prima colazione	**Frühstück**
cornetto	Croissant
burro	Butter
fette biscottate	Zwieback
marmellata	Marmelade
miele	Honig
pane/panino	Brot/Brötchen
prosciutto	Schinken
uovo	Ei

Antipasto	**Vorspeise**
bresaola	Trockenfleisch aus dem Veltlin, ähnelt Bündner Fleisch
crostini	geröstete Brotscheiben mit Aufstrich
in carpione	in Essigmarinade
salumi	Aufschnitt
sottolio	in Öl eingelegtes Gemüse
sottaceti	in Essig eingelegtes Gemüse

Primo	**Erster Gang**
brodo	Brühe
fatto in casa	hausgemacht
gnocchi	aus Kartoffeln oder Gries und Mehl geformte Klößchen
lasagne	überbackene Pasta mit Fleischragout und Béchamelsauce
minestrone	Gemüsesuppe
pasta fresca	frische Eierteignudeln
pesto	Basilikumsaue zu Pasta oder Gnocchi
piatto del Giorno	Tagesgericht
risotto	in Brühe ausgequollener Reis
tagliatelle	Bandnudeln

Secondo	**Hauptgericht**
agnello	Lamm
al forno	im Ofen gebacken
alla cacciatora	nach Jägerart
anguilla	Aal
arrosto	Braten
bistecca ai ferri	Steak
bovino	Rind
branzino	Seebarsch
brasato	Schmorbraten
capretto	Zicklein
carne	Fleisch
carne di cavallo	Pferdefleisch
carpaccio	dünn geschnittenes rohes Rindfleisch mit Parmesanstückchen und oft auch Rucola
cassoela	Schweinefleisch mit Wirsing
cinghiale	Wildschwein
coniglio	Kaninchen
cotoletta alla milanese	Wiener Schnitzel
fegato	Leber
frutti di mare	Meeresfrüchte
in umido	geschmort
maiale	Schwein
ossobuco	Kalbshaxenscheibe mit Markknochen
pesce	Fisch
pesce spada	Schwertfisch
pollo	Huhn
sogliola	Seezunge
spezzatino	eine Art Gulasch mit Gemüse (Kartoffeln, Erbsen etc.)
trota	Forelle
vitello	Kalb
vitello tonnato	kaltes Kalbfleisch mit Thunfisch-Mayonnaise

Contorno	**Beilage**
asparagi	Spargel
bietole	Mangold
borlotti	Bohnensorte
carciofi	Artischocken
carello dei formaggi	Käsewagen
cavolfiore	Blumenkohl

Kulinarisches Lexikon

ceci	Kichererbsen	castagne	Esskastanien
cipolle	Zwiebeln	ciliege	Kirschen
fagioli	Bohnenkerne	fichi	Feigen
fagiolini	grüne Bohnen	fragoli	Erdbeeren
finocchio	Fenchel	frutti di bosco	Waldfrüchte
fiori di zucca	Kürbisblüten	lamponi	Himbeeren
formaggio	Käse	limoni	Zitronen
funghi (porcini)	(Stein-) Pilze	mandorle	Mandeln
insalata mista	gemischter Salat	mele	Äpfel
lattuga	(grüner) Salat	nocciole	Haselnüsse
lenticchie	Linsen	noce, noci	Walnuss, Walnüsse
melanzane	Auberginen	pera	Birne
patate	Kartoffeln	pesca, pesche	Pfirsich, Pfirsiche
peperoni	Paprika	uva	Weintraube
peperoncino	getrockneter Chili		
piselli	Erbsen	**Bevande**	**Getränke**
polenta	Maisbrei	acqua gassata	Mineralwasser mit Kohlensäure
pomodori	Tomaten	acqua minerale	Mineralwasser
porcini	Steinpilze	amaro	Magenbitter
verdura mista	gemischtes Gemüse	birra	Bier
zucca	Kürbis	caffè/espresso	Espresso
		caffè latte	Milchkaffee
Dolce	**Dessert**	caffè lungo	Espresso, mit heißem Wasser gestreckt
crostata	Obsttorte		
gelato	Eis	espresso corretto	Espresso mit Grappa
macedonia	Obstsalat		
semifreddo	Halbgefrorenes	grappa	Tresterschnaps
torta	Torte, Kuchen	limoncello	Zitronenlikör
		spremuta	frisch gepresster Obstsaft
Frutta	**Obst**		
albicocche	Aprikosen	succo	Saft
amarene	Sauerkirschen	vino bianco	Weißwein
anguria	Wassermelone	vino rosso	Rotwein
arance	Orangen		

Im Restaurant

Ich möchte einen Tisch reservieren. Vorrei prenotare un távolo.
Die Speisekarte, bitte. Il menù, per favore.
Weinkarte lista dei vini
Die Rechnung, bitte. Il conto, per favore.
Tagesgericht menù del giorno
Gedeck coperto
Messer coltello
Gabel forchetta
Löffel cucchiaio
Glas bicchiere
Flasche bottiglia
Salz/Pfeffer sale/pepe
Zucker/Süßstoff zúcchero/saccarina
Kellner/Kellnerin cameriere/cameriera

Register

10 Corso Como 102

Abbazia di Chiaravalle 76
AC Mailand 78
Accessoires 102
Acquario e Civica Stazione Idrobiolica 49
After Line 111
Alcatraz 107
Alessi 101
Alla Cucina Economica 94
Alla Vecchia Latteria di Via Unione 997
Anaconda 103
Anreise 16
Anteo 109
Antica Barbieria Colla 40
Antica Locanda dei Mercanti 89
Antica Locanda Leonardo 88
Antica Locanda Solferino 89
Antiquitäten 99
Antonio Marras 38
Aperitif 92
Arci 109
Arco della Pace 48
Arena 48
Artemide 101
ATM Bobino 71, **105**
Auditorium di Milano 109
Ausflüge 80
Ausgehen 104
Auto 17, 25
Azalai 60
Azucena 102

Bagutta 97
Bahn 16
Bar Basso 105
Bar Bianco 49, 64
Bar Jamaica 43
Bar Magenta 54
Bar Marchesi 57
Bar Rita 105
Baretto 66
Bars 105

Basilica di San Simpliciano 43
Bed and Bread 87
Behinderte 21
Bergamo 81
Berlin Café 60
Biagio 95
Biancolatte 91
Biffi 103
Bitte 62, 106
Blue Note 109
Boeucc 40
Boffi 102
Borderline 60
Brera-Viertel 41
Bücher 99
Bus 24

Ca' Grande: Università Statale 72
Café Atlantique 106
Café Trussardi 35
Cafés 91
Caffè Cova 37
Caffè Letterario 46
Cantine Isola 71
Cape Town Café 106
Cappellini 102
Casa degli Omenoni 35
Casa di Riposo Giuseppe Verdi 72
Casa Fontana Silvestri 66
Casa Galimberti 68
Casa-Museo Boschi di Stefano 68
Cascina Cuccagna 72
Castello Sforzesco 44
Cavalli e Nastri 60
CDs 99
Centro Botanico 99
Centro Sociale Leoncavallo 110
Chinatown 74
Chocolat 91
Cicip e Ciciap 106
Cioccolatitaliano 31, **91**
Cimitero Monumentale 69
Civico Museo Archeologica 77

Civico Museo del Risorgimento 77
Civico Museo di Storia Naturale 65
Clubs 107
Coco 103
Colomba Leddi Sartoria 103
Colonne di San Lorenzo 59
Como 80
Controbuffet 101
Corso Buenos Aires 67
Corso di Porta Ticinese 58
Corso Matteotti 37
Cripta di San Giovanni in Conca 76
CRT Teatro dell'Arte 111
Cucchi 91

Da Claudio 99
Da Driade 102
Danese 102
Da Vinci, Leonardo 50
Darsena 61
De Padova 102
Delikatessen 99
Delle Donne 99
Denkmal Leonardo da Vinci 33
Design 102
Dialogo nel Buio 78
Diplomatische Vertretungen 17
Diskotheken 107
DMagazine Outlet 38
Dom 28
Duomo Santa Maria Nascente 28

Einkaufen 98
Einreisebestimmungen 17
Eisdielen 91
El Brellin 62
ENIT 18
Enoteca Cotti 100
Erba Brusca 94
Essen und Trinken 90
Exploit 106

Fahrrad 25
Fahrscheine 24

Register

Famedio 69
Feiertage 17
Feste 17
Festivals 17
Fiera di Senigaglia 63
Finger's 96
Fiorario Bianchi Caffè 96
Fiore 94
Fitness 22
Flugzeug 16
FNAC 99
Fondazione Arnaldo Pomodoro 76
Fontana Metafisica 47
Forma 78
Formel 1 22
Forum di Assago 110
Fremdenverkehrsamt 18
Freni 100
Frida Cafè 106
Führungen 25
Fundbüro 18
Fußball 22

Galleria d'Arte Moderna 65
Galleria Vittorio Emanuele 29
Gallerie d'Italia 78
Galli 100
Gallo 38
Gay-Adressen 110
Gebäude 72
Gelateria Grom 59, 68, **92**
Geschenke 101
Geschichte 14
Gesundheit 18
Giardini Pubblici 64
Giulio Pane e Ojo 95
Goldenes Karree 36
Golf 22
Grand Hotel et de Milan 89
Grand'Italia 95
Grattacielo Pirelli 72

Hangar Bicocca 78
Hauptbahnhof 73
High Tech 101
Hoepli 99
Hollywood 107

Home Textile Emporium 67
Hotel Armani 38
Hotel Bolzano 87
Hotel Domenichino 87
Hotel Due Giardini 87
Hotel San Francisco 87
Hotel San Guido 88
Hotel Sheraton Diana Majestic 68
Hotel Zurigo 88
Hotels 86

IAT (Mailänder Fremdenverkehrsamt) 19
Idroscalo (Idropark Fila) 80
Il Cucchiaio di Legno 99
Il Gattopardo 107
Il Luogo di Aimo e Nadia 92
Il Marchesino 35
Il Massimo del Gelato 92
Il Salumaio 37
Il Salvagente 103
Informationen 18
Inter Mailand 78
Internet 23

Just Cavalli Hollywood 48

Kartell 102
Killer Plastic 107
Kinder 19
Kino 108
Kirchen 74
Klima 20
Konzerte 109
Kulinarisches Lexikon 114

L'Armadio di Laura 102
L'Incoronata 95
La Belle Aurore 105
La Brisa 57
La Casa 139 110
La Latteria 92
La Libera 94
La Ranarita 43
La Rinascente 30
La Scaletta 94

Le Biciclette 105
Le Solferine 103
Le Trottoir à la Darsena 107
Lebensmittel 99
Leihwagen 24
Lelephant 111
Libet 54
Libreria dello Spettacolo 54
Lime Light 107
Livemusik 109
Living 49
London 87
Lorenzi 101
Luca's Bar 59
Luini 31

M.C.M. Santa Maria Novella 57
Magazzini Generali 108
Magnolia 110
Manzoni, Alessandro 34
Märkte 101
Mercato di Via Benedetto Marcello 101
Mercato di Via Fauché 101
Mercato di Viale Papiniano 101
Mercato Piazza Wagner 101
Messe 21
Metro 24
Michelangelo 45
Mietwagen 24
Milano Card 21
MITO Settembre Musica 109
Möbel 102
Mode 102
Monday Ticket 33
Mono 68
Monza 82
Moroni Gomma **37**, 101
Museen 76
Museo Archeologico 56
Museo Bagatti Valsecchi 40
Museo d'Arte e Scienza 78
Museo del Duomo 30

117

Register

Museo del 900 **29**, 42
Museo Manzoniano 34
Museo Nazionale della Scienza e della Tecnica Leonardo da Vinci **51**, 80
Museo Poldi Pezzoli 39
Museo San Siro 79
Museo Teatrale alla Scala 33

N'Ombra de Vin 43
Nachtleben 104
Nationalgalerie 41
Naturkundemuseum 65
Navigli-Viertel 61
Noi Due 97
Nordest Caffè 110
Notfälle 22
Nuovo Piccolo Teatro 111

Öffentliche Verkehrsmittel 24
Öffnungszeiten 21
Old Fashion Café 108
Oper 32, 109
Orti e Commenda 94
Orto Botanico 42
Osservatorio Astronomico 42
Ostello Bello 88
Ostello La Cordata 88
Ostello Piero Rotta 87
Osteria dei Binari 96
Osteria dei Vecchi Sapori 94
Osteria Grand Hotel 62
Outlets 103

PAC (Padiglione d'Arte Contemporanea) 65
Palazzo Carmagnola 45
Palazzo Castiglioni 65
Palazzo dell'Arengario 30
Palazzo dell'Arte 48
Palazzo delle Stelline **52**, 89
Palazzo di Brera 41
Palazzo Dugnani 65
Palazzo Litta 56
Palazzo Marino 34
Palazzo Morando: Costume, Moda e Immagine 38, **78**
Palazzo Reale 30
Palazzo Segreti 89
Palazzo Serbelloni 65
Palazzo von Armani 38
Parco dell'Anfiteatro e Antiquarium 56
Parco della Basiliche 59
Parco Sempione 47
Parks 79
Passante Ferroviario 24
Pavia 82
Peck 100
Pellini 103
Piazza dei Mercanti 31, **73**
Piazza San Babila 37
Piazza San'Alessandro 73
Piccolo Teatro di Milano 111
Pinacoteca Ambrosiana 80
Pinacoteca di Brera 41
Pizzerien 96
Planetario Ulrico Hoepli 65
Porta Venezia 67
Princi 95
Puccini 33

Quartiere Isola 74

Radetzky 106
Ratanà 94
Rauchen 21
Refektorium von Santa Maria delle Grazie 50
Reisezeit 20
Rentxpress 87
Restaurant Sadler 62
Rigolo 92
Ristorante Alice 93
Ristorante Bice 93
Ristorante Peppino 93
Rossana Orlandi 102
Rotonda della Besana 73

Salumeria della Musica 110
San Bernardino alle Ossa 76
San Cristoforo 61
San Fedele 34
San Lorenzo Maggiore 58
San Marco 76
San Maurizio al Monastero Maggiore 56
Sant'Ambroeus 38
Sant'Ambrogio 53
Sant'Eustorgio 59
Santa Maria della Passione 76
Santa Maria delle Grazie 51
Santa Maria Presso San Satiro 30
Santo Bevitore 95
Savinelli 101
Scala 32
Schmuck †102
Schwimmen 23
Scimmie 63
Sicherheit 22
Sissi 92
Soana 57
Souvenirs 101
Spazio Oberdan Cineteca Italiana 109
Spontini 96
Sport 22
Sprachführer 112
Stadtrundfahrten 25
Stadtteile 74
Star 88
Stazione Centrale F. S. 74
Studio Castiglioni 48
Straßenbahn 24
Suitime 88

Taxi 24
Teatro dal Verme 109
Teatro degli Arcimboldi 109
Teatro dell'Arte 48
Teatro Giorgio Strehler 111
Teatro Grassi 111
Teatro Parenti 111
Teatro Studio 111
Teatro Verdi 111
Telefonieren 23

Register

Theater 111
Torre Branca 48
Torre di Pisa 96
Torre Velasca 74
Torriani 101
Tram 24
Trattoria All'Antica 97
Trattoria Aurora 97
Trattoria Madonnina 95
Trattoria Milanese 97
Trattoria Ponte Rosso 97
Triennale 48
Triennale Design Museum 48

Übernachten 86
Umwelt 23
Università Cattolica 54

Vecchi Libri in Piazza 101
Verdi, Giuseppe 33
Vetrina di Beryl 103
Via Brisa 56
Via della Spiga 37
Via Giacomo Mora 60
Via Manzoni 38
Via Monte Napoleone 37
Via Sant'Andrea 38
Via Verri 37

Vicolo dei Lavandai 62
Villa Belgiojoso Bonaparte 65
Villa Necchi 66
Vineria 63

Wellness 22
Wish 49

Zelig 111
Zena 63
Zona Affari 75
Zona Tortona 75
Zucca 29
Zucca e Melone 60

Das Klima im Blick — atmosfair

Reisen bereichert und verbindet Menschen und Kulturen. Wer reist, erzeugt auch CO_2. Der Flugverkehr trägt mit einem Anteil von bis zu 10 % zur globalen Erwärmung bei. Wer das Klima schützen will, sollte sich für eine schonendere Reiseform (z. B. die Bahn) entscheiden – oder die Projekte von *atmosfair* unterstützen. *Atmosfair* ist eine gemeinnützige Klimaschutzorganisation. Die Idee: Flugpassagiere spenden einen kilometerabhängigen Beitrag für die von ihnen verursachten Emissionen und finanzieren damit Projekte in Entwicklungsländern, die dort den Ausstoß von Klimagasen verringern helfen. Dazu berechnet man mit dem Emissionsrechner auf *www.atmosfair.de*, wie viel CO_2 der Flug produziert und was es kostet, eine vergleichbare Menge Klimagase einzusparen (z. B. Berlin – London – Berlin 13 €). *Atmosfair* garantiert die sorgfältige Verwendung Ihres Beitrags. Klar – auch der DuMont Reiseverlag fliegt mit *atmosfair!*

Autor | Abbildungsnachweis | Impressum

Unterwegs mit Aylie Lonmon
Als Tochter einer deutschen Mutter und eines britischen Vaters wuchs Aylie Lonmon dreisprachig in Italien auf. Nachdem sie ein Dutzend Jahre in Mailand gelebt, studiert und als Deutschlehrerin gearbeitet hatte, zog sie aufs Land und wohnt gleich ›um die Ecke‹, nahe dem Lago Maggiore. Die Stadt lässt sie dennoch nicht los, bei ihren häufigen Besuchen entdeckt sie immer wieder Neues. Neben ihrer Tätigkeit als Reiseführer-Autorin und Übersetzerin (im DuMont Reiseverlag erschien auch der Band »Lago Maggiore«) unterstützt sie ihren italienischen Mann in seiner auf Architektur, Kunst, Design und Landscape spezialisierten Buchhandlung im Lingotto in Turin.

Abbildungsnachweis
Franco Aresi, Sangiano: S. 120
laif, Köln: S. 9, 90, 93, 98, 100 (Blickle); Umschlagrückseite, 36, 47 (Bungert); 94 (Contrasto/Pavesi); 44 (Dainell); 7 (Galli); 26/27 (hemis.fr); 50 (Grandadam/Hoa-Qui); 69, 84/85 (Madej); 104, 108 (Paves); 34 (Polaris/Nusca); 86, 89 (Redux); 45 (Redux/The New York Times); 28 (Roemers); 80, 83 (Stukhard); 70 (Zahn); 61 (Zanettini)
Mauritius, Garmisch-Partenkirchen: S. 53, 58 (age); 4/5, 10, 15, 39, 41, 55, 66, 67, 72, 75, 77, 79 (Cubolmages); Umschlagklappe vorn (Halaska); 81 (imagebroker/Michalke)
Masiar Pasquali, Mailand: S. 73
Schapowalow, Hamburg: Titelbild (Atlantide)

Kartografie
DuMont Reisekartografie, Fürstenfeldbruck
© DuMont Reiseverlag, Ostfildern

Umschlagfotos
Titelbild: Mailands Wahrzeichen, der Dom
Umschlagklappe vorn: Detail einer alten Mailänder Tram

Hinweis: Autorin und Verlag haben alle Informationen mit größtmöglicher Sorgfalt geprüft. Gleichwohl sind Fehler nicht vollständig auszuschließen. Alle Angaben erfolgen ohne Gewähr. Bitte, schreiben Sie uns! Über Ihre Rückmeldung zum Buch und Verbesserungsvorschläge freuen sich Autorin und Verlag:
Dumont Reiseverlag, Postfach 3151, 73751 Ostfildern,
info@dumontreise.de, www.dumontreise.de

2., aktualisierte Auflage 2012
© DuMont Reiseverlag, Ostfildern
Alle Rechte vorbehalten
Redaktion/Lektorat: Susanne Völler, Sabine Zitzmann-Starz
Grafisches Konzept: Groschwitz/Blachnierek, Hamburg
Printed in Germany